INVESTIGAÇÃO CRIMINAL TECNOLÓGICA

HIGOR VINICIUS NOGUEIRA JORGE

INVESTIGAÇÃO CRIMINAL TECNOLÓGICA

VOLUME 2

Contém informações sobre inteligência policial, drones e recursos tecnológicos aplicados na investigação

BRASPORT

Editor: Sergio Martins de Oliveira
Diretora: Rosa Maria Oliveira de Queiroz
Gerente de Produção Editorial: Marina dos Anjos Martins de Oliveira
Revisão: Hélio Molina Jorge Junior e Hélio Molina Jorge
Editoração Eletrônica: Abreu's System
Capa: Trama Criações

Dados Internacionais de Catalogação na Publicação (CIP)
(Câmara Brasileira do Livro, SP, Brasil)

Jorge, Higor Vinicius Nogueira
Investigação criminal tecnológica : contém informações sobre inteligência policial, drones e recursos tecnológicos aplicados na investigação, volume 2 / Higor Vinicius Nogueira Jorge. – Rio de Janeiro : Brasport, 2018.

Bibliografia.
ISBN 978-85-7452-899-1

1. Drones 2. Inovações tecnológicas 3. Investigação criminal 4. Processo penal 5. Serviço de inteligência 6. Tecnologia e direito I. Título.

18-21840 CDU-343.123.1

Índices para catálogo sistemático:
1. Investigação criminal tecnológica : Direito processual 343.123.1

Cibele Maria Dias – Bibliotecária – CRB-8/9427

BRASPORT Livros e Multimídia Ltda.
Rua Teodoro da Silva, 536 A – Vila Isabel
20560-005 Rio de Janeiro-RJ
Tels. Fax: (21)2568.1415/3497.2162
e-mails: marketing@brasport.com.br
vendas@brasport.com.br
editorial@brasport.com.br

www.brasport.com.br

Filial SP
Av. Paulista, 807 — conj. 915
01311-100 São Paulo-SP

Prefácio

"(...) melhor ser impetuoso do que cauteloso,
pois a fortuna somente se deixa vencer pelos que ousam"
Nicolau Maquiavel (1469-1527)

Continuando a honrosa tarefa de prefaciar a obra "Investigação Criminal Tecnológica", de autoria do estimado Dr. Higor Vinicius Nogueira Jorge, atrevo-me a qualificar este volume 2 como indispensável àqueles profissionais do Direito que exercem, nas suas mais variadas formas, a atividade policial investigativa.

E com efeito, pois o autor, tendo antes explicitado a necessidade da utilização das novas técnicas de investigação policial com o uso dos recursos tecnológicos, vem agora discorrer sobre a inteligência policial. A gestão da informação e do conhecimento, vale dizer, o manejo dos dados e sua integração lógica e útil, bem como o uso das modernas técnicas de investigação pela polícia judiciária, sempre com respeito às balizas constitucionais e legais, são aqui muito bem elucidados, com destaque para um panorama da denominada 'infiltração policial' e uma disciplina dos softwares e dos equipamentos eletrônicos disponíveis, e as 'aeronaves remotamente pilotadas', ou drones, além de trazer um repertório atualizado da legislação.

No mundo líquido da informação, como já dito, esta obra se constitui em instrumento de enorme valor para a polícia judiciária na prevenção e no combate à criminalidade organizada.

Ivana David
Desembargadora do Tribunal de Justiça do Estado de São Paulo

Apresentação

O Dr. Higor Jorge, competente Delegado de Polícia do Estado de São Paulo e pesquisador na área dos crimes eletrônicos, nos brinda com mais uma importante obra sobre temas presentes e atuais, relacionados ao combate à criminalidade digital e aos recursos tecnológicos disponíveis para uso na investigação policial.

Há alguns anos recebemos com alegria o primeiro livro do mesmo autor sobre o tema. Aquele se tornou uma obra de referência, mas o dinamismo atrelado ao tema traz a necessidade de mais esta obra, que também nos apresenta diversos assuntos correlatos e importantes para os operadores do direito, os profissionais de tecnologia, os estudantes e todos aqueles que querem conhecer com maior profundidade o conteúdo, descrito de maneira prática e aplicável.

Na primeira parte do primeiro capítulo, são apresentados os temas relativos à inteligência policial, debruçando sobre as características históricas, as definições e os procedimentos, a legislação aplicável e alguns aspectos técnicos de utilização dos conceitos de inteligência, relativos à atividade policial. Destaco nesse capítulo a parte de análise de vínculos, metodologia que permite uma fácil visualização de organizações criminosas e fatos, um recurso de máxima importância que não é apresentado em quase nenhuma obra e que nesta está presente.

Na segunda parte do primeiro capítulo, são demonstradas técnicas clássicas de investigação policial e a sua correlação com a investigação de crimes eletrônicos. Além da leitura ser útil para aqueles que labutam nessa área, serve também como uma interessante apresentação, para os que são externos à polícia, de algumas preciosas técnicas consagradas, o que despertará a curiosidade do leitor e proporcionará um breve conhecimento sobre a complexidade de uma investigação tradicional.

Sequencialmente, no terceiro capítulo, é apresentada uma importante ferramenta na investigação policial: a recognição visuográfica do local do crime, que permite a um investigador "reviver" o local de uma ocorrência policial como se lá estivesse presente, mesmo que anos depois. O grande destaque para a metodologia é que foi criada genuinamente por um Delegado de Polícia da Polícia Civil do Estado de São Paulo, Dr. Marco Antônio Desgualdo, que a desenvolveu para ser utilizada no Departamento de Homicídios e de Proteção à Pessoa (DHPP) e hoje está presente em diversos procedimentos de polícia judiciária nas diferentes unidades presentes no estado de São Paulo e em outros estados da Federação.

O quarto capítulo apresenta importantes aliados ao combate contra o maior mal da humanidade: a corrupção. Câncer que corrói as instituições e degrada a sociedade. A presença de tal tema nesta singular obra demonstra o compromisso do autor, e de todas as Polícias Civis do Brasil, juntamente com a sociedade civil, com a exterminação desse crime, o que culminará em uma nação mais justa e plena nos seus objetivos perante a sociedade.

No quinto capítulo, o autor debruça-se sobre um tópico inovador na sociedade e nas polícias: as aeronaves remotamente pilotadas e sua aplicação na segurança pública. Mais do que simples ferramentas de investigação, os drones podem acelerar as investigações policiais e preservar a vida de seus membros, além de prover um menor impacto nas áreas alvos de investigação, buscando maior sigilo, maior discrição e efetividade ímpar nas missões em que podem ser aplicáveis.

O sexto capítulo passeia pelos mais diversos recursos utilizáveis na investigação policial, desde equipamentos de vigilância discreta, no melhor estilo "James Bond", passando por inovações tecnológicas que permitem minimizar o trabalho e maximizar a eficiência das investigações, chegando a ferramentas de uso forense computacional que podem gerar provas mais robustas, investigações mais precisas e ainda economizar o tempo dos policiais envolvidos. Nesse capítulo, ainda são tratados temas relativos a softwares de análise de vínculos e de inteligência, complementando e dando aplicabilidade em assuntos que nos foram apresentados no primeiro capítulo.

Por fim, referenciando os temas apresentados na obra e servindo ainda como um guia selecionado e disponível à mão do leitor, são relacionadas e reproduzidas legislações aplicáveis ao contexto do livro.

Uma obra fundamental, revisada e ampliada, que nos permite, de forma esmerada pelo autor, ter acesso, de forma simples e direta, a um panorama de vários assuntos relacionados à nossa tão amada ciência investigativa e sua correlação com os mais atuais meios eletrônicos. Leitura indispensável.

Julio Gustavo Vieira Guebert
Delegado de Polícia e Diretor da Academia de Polícia Civil do Estado de São Paulo

O Autor

HIGOR VINICIUS NOGUEIRA JORGE é Delegado de Polícia da Polícia Civil do Estado de São Paulo; membro da Associação Internacional de Investigação de Crimes de Alta Tecnologia (HTCIA); professor dos cursos de formação e aperfeiçoamento da Academia de Polícia do Estado de São Paulo; professor de inteligência cibernética da Secretaria Nacional de Segurança Pública (SENASP) do Ministério da Justiça; professor da pós-graduação em Direito Digital e *Compliance* do Damásio Educacional; palestrante do curso de inteligência estratégica da Associação dos Diplomados da Escola Superior de Guerra – representação de Campinas; e titular da cadeira 30 da Academia de Ciências, Artes e Letras dos Delegados de Polícia do Estado de São Paulo.

Foi diretor do Sindicato dos Delegados de Polícia do Estado de São Paulo (2011/2013 e 2014/2016) e presidente do Conselho de Ética da Associação dos Delegados de Polícia do Estado de São Paulo (2015/2017).

Em 2008 recebeu a "Medalha MMDC" da Sociedade Amigos de 32 – MMDC em São Paulo e, em 2017, recebeu Moção de Aplausos da Assembleia Legislativa do Estado de São Paulo e da Câmara Municipal de Santa Fé do Sul, Santana da Ponte Pensa e Guaratinguetá, bem como foi escolhido na categoria "Jurídica" entre os melhores Delegados de Polícia do Brasil pelo Portal Nacional dos Delegados & Revista da Defesa Social (<www.delegados.com.br>), juntamente com os delegados Alesandro Barreto, Bruno Zanotti, Cleopas Isaías, Emerson Wendt, Francisco Sannini Neto, Henrique Hoffmann e Márcio Anselmo.

Também no ano de 2017 foi contemplado com a Bolsa Arthur Troop (ATS), representando o continente americano, para participar de seminário no Centro Internacional de Conferências IBZ Schloss Gimborn, na Alemanha, pela *International Police Association* (IPA), oportunidade de aprofundar os conhecimentos sobre aeronaves remotamente pilotadas (drones), investigação tecnológica e segurança pública.

Graduado em Direito pelo Centro Universitário Toledo Araçatuba, pós-graduado em "Polícia Comunitária" pela Universidade do Sul de Santa Catarina e no MBA "Corrupção: controle e repressão aos desvios de recursos públicos" pela Universidade Estácio de Sá.

Nos últimos anos tem ministrado cursos e palestras sobre investigação de crimes cibernéticos, investigação criminal tecnológica, direito eletrônico, inteligência policial, segurança na internet e outros temas correlatos nos estados de São Paulo, Sergipe, Ceará, Bahia, Alagoas, Belo Horizonte, Mato Grosso do Sul, Pará, Tocantins, Piauí, Paraná, Santa Catarina e no Distrito Federal e tem se destacado no noticiário nacional, participando de entrevistas em diversas emissoras e jornais do país sobre referidos temas.

Possui os sites <www.higorjorge.com.br> e <www.crimesciberneticos.net>, a Fan Page <www.facebook.com/higorvnjorge> no Facebook, o perfil @delegadohigorjorge no Instagram e o perfil @higorjorge no Twitter.

Autor das seguintes obras:

- "Fake News - Doutrina e Prática", em parceria com outros autores, pela Editora Mallet (2018 - no prelo).
- "Medidas Protetivas - Doutrina e Prática", em parceria com outros autores, pela Editora Mallet (2018 - no prelo).
- "Combate à Exploração Sexual Infantil - Doutrina e Prática", em parceria com outros autores, pela Editora Mallet (1ª edição - 2017).
- "Temas atuais de Polícia Judiciária", em parceria com outros autores, pela Editora Juspodivm (1ª edição - 2015; 2ª edição - 2016).
- "Combate ao Crime Cibernético - Doutrina e Prática", em parceria com outros autores, pela Editora Mallet (1ª edição - 2016).
- "Crimes Cibernéticos: ameaças e procedimentos de investigação" em parceria com o delegado Emerson Wendt, pela Editora Brasport (1ª edição - 2012; 2ª edição - 2013).
- "Legislação aplicada à Polícia Federal - Conforme o edital dos concursos para os cargos de nível superior e nível intermediário da Polícia Federal" - edição eletrônica (2014).
- "Legislação para o concurso de investigador de polícia da Polícia Civil do Estado de São Paulo" - edição eletrônica (2014).
- "Integração Nacional dos Setores de Inteligência Policial", em parceria com os delegados de polícia Luis Fernando Camargo da Cunha Lima, Roberto de Mello Annibal e Wilson Correia Silva, pela Associação dos Delegados de Polícia do Estado de São Paulo - ADPESP (2007).

Introdução da Coleção

Os avanços tecnológicos promoveram consistentes mudanças no seio social, sendo que algumas dessas mudanças foram muito positivas, proporcionando melhorias na qualidade de vida das pessoas, facilitando a troca de conhecimentos e experiências, e permitindo inúmeros benefícios, inclusive no que tange à atuação dos órgãos de segurança pública. Por outro lado, a incorporação dos recursos tecnológicos no dia a dia das pessoas desencadeou problemas muito sérios, desde a "dependência tecnológica" até os chamados "crimes cibernéticos". Além das facilidades e problemas, os avanços tecnológicos trouxeram termos que até há poucos anos não existiam, tais como: Bitcoin (BTC)[1], WhatsApp, Facebook, Telegram, SMS, MMS, VPN[2], Uber, *Cloud Computing*[3], *Big Data*[4], *Ransomware*[5], Internet das Coisas (IoT)[6] etc.

---

[1] Sistema econômico alternativo, que se autorregula, por intermédio de um sistema de mineração informatizado, criptografia de chave pública e um arquivo que registra todas as transações realizadas utilizando-se uma criptomoeda descentralizada, ou seja, cuja emissão não é controlada pelo Banco Central.

[2] Rede privada construída sobre uma infraestrutura de uma rede pública, que cria uma rede de comunicações entre computadores e outros dispositivos, com acesso restrito a quem possua as necessárias credenciais para esse fim.

[3] A computação na nuvem tem como característica o fornecimento de serviços de informática pela internet. São exemplos de computação na nuvem: serviços web na nuvem, software sob demanda (SaaS), provedor de gerenciamento de serviços etc.

[4] Grande conjunto de dados armazenados (estruturados e não estruturados) baseados em velocidade, variedade, valor, volume e veracidade.

[5] Programa de computador nocivo que inviabiliza o acesso a um sistema e exige o pagamento de um determinado valor para que a vítima possa novamente utilizar o sistema.

[6] Tradução da expressão em inglês *Internet of Things*, que trata de redes de comunicação, dispositivos e sistemas de controle, ou seja, a conectividade entre os objetos utilizados pelas pessoas, que torna mais eficaz o seu uso e melhora a vida das pessoas, por exemplo, por intermédio de câmeras de segurança via IP, *Smart* TVs, luzes e termostato inteligentes, sistema de alarmes, relógio que monitora a saúde do paciente, central de monitoramento de trânsito, lojas cujas prateleiras apresentam os produtos para os clientes, conforme as informações que possua sobre seus interesses e últimas compras, sendo todos esses equipamentos conectados à internet.

Em razão dessas novas perspectivas, é necessário que o policial à frente da investigação criminal esteja preparado para enfrentar os desafios propostos pela sociedade tecnológica e, principalmente, que tenha condições de utilizar a tecnologia para auxiliar na investigação de delitos.

O objetivo desta coleção, dividida em dois volumes, é discorrer, de forma sintética e didática, sobre alguns procedimentos utilizados na investigação criminal tecnológica, capazes de tornar mais eficaz a apuração de crimes.

Sumário

Introdução do Volume 2

O volume 2 oferece informações sintéticas sobre inteligência de Estado e de Segurança Pública, incluindo informações sobre a história da inteligência no Brasil e no mundo, conceitos relacionados com Inteligência, Contrainteligência e Elemento Operacional, bem como Doutrina Nacional de Inteligência de Segurança Pública, Metodologia da Produção do Conhecimento e Análise de Vínculos.

Também são abordadas algumas técnicas de investigação, Recognição Visuográfica do Local do Crime, elementos disponíveis utilizados na prevenção e no enfrentamento da corrupção, utilização de aeronaves remotamente pilotadas (drones) na segurança pública, equipamentos para a realização de atividades de investigação (equipamentos que capturam vídeos e fotos, câmera térmica Flir, equipamentos que rastreiam o alvo, escuta ambiental e rastreio, drones, softwares e equipamentos de análise em dispositivos tecnológicos – TechBiz Forense Digital, XRY, IBM i2 Analyst's Notebook, Maltego etc.).

Ao final são apresentadas leis brasileiras que tratam da investigação criminal, inteligência (conforme previsto no item legislação do edital do concurso da Abin) e infiltração na internet.

1. Inteligência Policial Aplicada na Prevenção e no Enfrentamento ao Crime

Nas últimas décadas, a sociedade brasileira passou a sofrer com maior intensidade a ação das organizações criminosas devido ao recrudescimento da violência e dos corriqueiros atentados à vida e ao patrimônio. Dessa forma, o medo, a instabilidade emocional e a insegurança se tornaram rotina para as pessoas, principalmente nas grandes cidades.

No ano de 2001, uma facção criminosa demonstrou a sua capacidade de manter a comunicação entre seus membros presos e organizá-los para promover rebeliões simultâneas em 29 presídios do estado de São Paulo. O objetivo das rebeliões foi protestar contra a transferência de alguns dos líderes da facção da extinta Casa de Detenção do Carandiru para penitenciárias do interior[7].

Esses fatos apenas indicavam o início de um período trágico para a história da segurança pública do estado de São Paulo.

No mês de maio de 2006, inúmeros ataques foram perpetrados, tendo como saldo a morte de dezenas de policiais e a ocorrência de rebeliões carcerárias por todo o país. Já no mês de julho do mesmo ano, a facção voltou a praticar suas ações criminosas. Dessa vez, ocorreram aproximadamente uma centena de ataques, e agentes penitenciários foram mortos.

Nesse contexto, foram realizados ataques contra policiais civis, policiais militares, agentes penitenciários, guardas civis, agências bancárias, supermercados, órgãos públicos como escolas, delegacias, prefeituras e ônibus, ceifando diversas vidas e causando um verdadeiro colapso na segurança pública.

---

[7] ANNÍBAL, Roberto; JORGE, Higor Vinicius Nogueira; LIMA, Luis Fernando Camargo da Cunha; SILVA, Wilson Correia. Integração Nacional dos Setores de Inteligência Policial. **Revista da Associação dos Delegados de Polícia do Estado de São Paulo**, ano 24, n. 35, mar. 2007. São Paulo: ADPESP, p. 11.

No estado do Rio de Janeiro, no final do ano de 2006, facções criminosas promoveram ataques semelhantes aos ocorridos no estado de São Paulo. Na ocasião, foram atingidos policiais e ônibus, causando muitas mortes e, por consequência, mantendo a população amedrontada, o que mais uma vez afirmou o poder das organizações criminosas no país.

Outro fato que tem sido constatado nos últimos anos é o crescente relacionamento entre organizações criminosas nacionais com organizações criminosas estrangeiras.

A prisão do traficante colombiano Juan Carlos Ramirez Abadia, no dia 07 de agosto 2007, em um condomínio de luxo em Barueri – SP, é uma prova dessa afirmativa, tendo em vista que este promovia a lavagem de dinheiro oriundo do tráfico de drogas por intermédio de empresas de fachada em nome de "laranjas" e movimentou aproximadamente US$ 10 bilhões de dólares em dez anos[8].

Mais recentemente outros casos semelhantes foram constatados e, no âmbito dos crimes praticados por intermédio da tecnologia, tem sido possível observar criminosos brasileiros interagindo com agentes delitivos de outros países. Essa assertiva se potencializa com a utilização de recursos tecnológicos de comunicação que muitas vezes preservam a identidade das partes.

Os crimes praticados no âmbito da *deep web* e *darknet* representam um grande desafio para a atuação dos órgãos de investigação criminal e inteligência, principalmente quando se levam em conta as dificuldades de investigar crimes praticados por intermédio desses ambientes virtuais, bem como os percalços que dificultam a antecipação de cenários e tornam inviáveis quaisquer tentativas de evitar práticas terroristas.

Considerando esses fatos e episódios mais recentes, é possível vislumbrar com clareza o poder das facções criminosas do Brasil e a necessidade de uma resposta efetiva e proativa por parte dos órgãos de segurança pública contra a criminalidade organizada. Portanto, a utilização dos recursos tecnológicos e das ferramentas de inteligência são meios para se atingir tal intento.

Também é importante que haja a gestão de conhecimento da segurança pública com base na tecnologia da informação (TI), análise criminal, análise investigativa, análise de vínculos, estatística criminal, além da capacitação dos policiais

---

[8] FARIAS, Carolina. Traficante colombiano preso no Brasil havia movimentado US$ 10 bi. **Folha Online**, 07 ago. 2007. Disponível em: <http://www1.folha.uol.com.br/folha/cotidiano/ult95u318373.shtml>. Acesso em: 09 maio 2018.

para a utilização dos referidos recursos e para que possam usar os sistemas disponíveis pelas suas instituições.

A Polícia Civil e a Polícia Federal, com a atribuição constitucional de exercer as funções de Polícia Judiciária e de apuração da autoria e materialidade das infrações penais, possuem nos denominados "dados negados" um importante aliado contra a criminalidade organizada, sendo imprescindível que tenham conhecimentos fundamentais sobre a chamada "investigação criminal tecnológica".

Dado negado, no âmbito da Inteligência Policial, é todo aquele conhecimento de interesse do aparato estatal de investigação que não esteja disponível e que se exija a sua busca pelo elemento operacional[9].

Para se obter esse tipo de dado a polícia tem ao seu dispor diversas ações operacionais, como, por exemplo, a ação controlada; colaboração premiada; captação ambiental de sinais eletromagnéticos, ópticos ou acústicos; acesso a registros de ligações telefônicas e telemáticas, a dados cadastrais constantes de bancos de dados públicos ou privados e a informações eleitorais ou comerciais; interceptação de comunicações telefônicas e telemáticas; afastamento dos sigilos financeiro, bancário e fiscal; infiltração policial etc.

Com isso, torna-se possível que perigosas ações criminosas sejam antecipadas, evitadas e, caso não seja possível evitá-las, permite que haja uma pronta resposta capaz de expressar a certeza de punição em desfavor dos membros dessas organizações criminosas.

Nas próximas linhas, são apresentadas algumas informações sobre os assuntos supra narrados.

Antecedentes históricos

A inteligência no mundo

O uso de órgãos e agentes do governo que realizam a coleta e análise de dados para a manutenção da segurança de uma nação é prática que remonta aos primórdios da civilização. Essa conduta era utilizada especialmente pelos governantes que objetivavam salvaguardar a área territorial sob seu domínio, como se observa ao analisar a história mundial.

---

[9] Tecnicamente existem diferenças entre os termos busca e coleta. Enquanto busca diz respeito a informações indisponíveis (dados negados), a coleta trata da utilização dos elementos disponíveis, também chamados de fontes abertas, como, por exemplo, internet, imprensa etc.

Na antiguidade clássica os espiões eram utilizados para transmitir informações para os reis, sendo que o mesmo ocorria na Roma Antiga, quando espiões produziam conhecimentos que fossem interessantes para aqueles que estivessem no poder – inclusive, na época eram comuns casas com compartimentos secretos para que seus hóspedes fossem espionados. Somente ocorreu a institucionalização da espionagem para os romanos no período do Império.

Segundo Marco Aurélio Chaves Cepik, a espionagem foi descrita na Bíblia como a segunda profissão mais antiga do mundo. Segundo o autor,

> há várias referências à espionagem nos cinco livros de Moisés do Velho Testamento, que os judeus chamam de Torah, especialmente em Números, capítulo 13, em que Deus ordena a Moisés que envie espiões à terra de Canaã, sendo cada um deles de uma das tribos de Israel, cujas funções os tornam então príncipes. A outra referência direta é no livro de Josué, capítulo 2, em que Josué envia dois espiões para fazer o reconhecimento avançado de Jericó. A estadia dos espiões de Josué na casa da prostituta Raabe, tal como aparece na Bíblia, provavelmente foi a origem do tratamento bastante comum da espionagem como a "segunda profissão mais antiga do mundo"[10].

No mesmo sentido, Robson José de Macedo Gonçalves cita o capítulo 13 do livro de Números, que tratava dos espiões enviados à Canaã[11].

---

[10] CEPIK, Marco Aurélio Chaves. Sistemas Nacionais de Inteligência: origens, lógica de expansão e configuração atual. **Dados – Revista de Ciências Sociais**, vol. 46, n. 1, 2003, Rio de Janeiro, p. 114.

[11] "Números, 13 1. O Senhor disse a Moisés: 2. "Envia homens para explorar a terra de Canaã, que eu hei de dar aos filhos de Israel. Enviarás um homem de cada tribo patriarcal, tomados todos entre os príncipes." 3. Enviou-os Moisés do deserto de Farã segundo as ordens do Senhor; todos esses homens eram príncipes em Israel. [...] 17. Enviando-os a explorar a terra de Canaã, Moisés disse-lhes: "Ide pelo Negeb e subi a montanha. 18. Examinai que terra é essa, e o povo que a habita, se é forte ou fraco, pequeno ou numeroso. 19. Vede como é a terra onde habita, se é boa ou má, e como são as suas cidades, se muradas ou sem muros; 20. Examinai igualmente se o terreno é fértil ou estéril, e se há árvores ou não. Coragem! E trazei-nos dos frutos da terra. Era então a época das primeiras uvas. 21. Partiram, pois, e exploraram a terra desde o deserto de Sin até Roob, no caminho de Emat. [...] 27. Eis como narraram a Moisés a sua exploração: "Fomos à terra aonde nos enviaste. É verdadeiramente uma terra onde corre leite e mel, como se pode ver por esses frutos. 28. Mas os habitantes dessa terra são robustos, suas cidades grandes e bem muradas; vimos ali até mesmo filhos de Enac. 29. Os amalecitas habitam na terra do Negeb; os hiteus, os jebuseus e os amorreus habitam nas montanhas, e os cananeus habitam junto ao mar e ao longo do Jordão." BÍBLIA CATÓLICA ONLINE. Disponível em: <https://www.bibliacatolica.com.br/biblia-ave-maria/numeros/13/>. Acesso em: 09 maio 2018.

O autor também se refere a Sun Tzu, que dedicou, em seu livro denominado "A Arte da Guerra",

> um capítulo inteiro ao emprego de espiões na guerra e dá a eles uma deferência especial ao afirmar que 'dentre todos os que estão próximos ao comandante... Ninguém terá melhores prêmios do que eles'.
>
> Praticada durantes séculos a espionagem continua sendo uma ferramenta útil ao Estado. O tempo se encarregou de aperfeiçoá-la com diversas evoluções, principalmente tecnológicas, mas sua essência e seus princípios continuam os mesmos. Ganhou novas denominações e definições e está contida no rol das chamadas 'operações' e passou a ser apenas um dos métodos utilizados por uma atividade mais complexa conhecida hoje como Inteligência.[12]

Quanto à obra de Sun Tzu[13], o autor apresenta uma descrição muito esclarecedora sobre os primórdios da realização das atividades de Inteligência. Segundo o autor,

> o meio pelo qual governantes, sábios e generais sagazes se moveram e conquistaram outros, pelo qual suas realizações ultrapassaram as massas, foi o conhecimento acurado. O conhecimento acurado não pode ser obtido de fantasmas e espíritos, inferido dos fenômenos ou projetado a partir das medidas do Céu, mas deve ser obtido dos homens, porque é o conhecimento da verdadeira situação do inimigo.

Novamente reproduzindo Marco Aurélio Chaves Cepik, é possível afirmar que os órgãos de Inteligência e Segurança, permanentes e profissionais, "surgiram na Europa moderna a partir do século XVI, no contexto de afirmação dos Estados Nacionais como forma predominante de estruturação da autoridade política moderna". De acordo com o autor,

> os reis e ministros dos Estados europeus modernos, em seu processo de competição com outros governantes e no esforço de implementar sua dominação sobre territórios e populações cada vez mais amplos, mobilizaram recursos e fundaram organizações especializadas na obtenção de informações. A criação de serviços secretos (mais tarde conhecidos como

---

12 GONÇALVES, Robson José de Macedo. **A Inteligência e o Poder Legislativo.** Senado Federal. Brasília – DF. Disponível em: <http://www.senado.gov.br/senado/spol/pdf/ArtigoRobson1.pdf>. Acesso em: 09 maio 2018.

13 SUN TZU. **A Arte da Guerra.** São Paulo: Martins Fontes, 2002, p. 134.

> serviços de inteligência) foi uma das respostas às necessidades mais gerais dos governantes em termos de redução dos custos de transação associados à obtenção de informações.
>
> Do ponto de vista das explicações disponíveis sobre por que organizações e instituições surgem, a constituição de serviços de inteligência pode ser interpretada, em parte, como um resultado direto do puro cálculo estratégico de governantes perseguindo fins previamente dados (vencer a guerra e ampliar sua dominação) e, em parte, como uma resultante mais ou menos imprevisível do esforço desses mesmos governantes para adequarem seus fins a um contexto situacional que precisava ser mais bem compreendido e no qual seu próprio papel enquanto sujeitos políticos interessados era pouco claro.
>
> Em um ambiente internacional altamente competitivo, incerto e marcado por altos custos de obtenção de informações necessárias à compreensão das intenções e capacidades de outros atores relevantes, os governantes modernos lançaram mão de vários instrumentos que pudessem reduzir tais custos, desde casamentos e outras formas de alianças dinásticas até o uso de serviços secretos.[14]

Conforme George Felipe de Lima Dantas e Nelson Gonçalves de Souza, a ideia de utilizar as informações estruturadas como subsídio da segurança pública surgiu a partir de Henry Fielding, na Inglaterra, e se dissipou por Austrália, Canadá e Estados Unidos, que sofreram a influência daquele país.

Além disso, de acordo com eles,

> a criminalística e a ciência forense modernas parecem ter começado a tomar sua configuração atual no início do século XX, tendo sido efetivamente incorporadas ao serviço policial na década de 1930, sob influência de August Vollmer, na Califórnia, e depois de Edgar Hoover em Washington, DC, ambos reconhecidos como importantes próceres da gestão policial norte-americana.[15]

---

[14] CEPIK, Marco Aurélio Chaves. Op. cit.

[15] DANTAS, George Felipe de Lima; SOUZA, Nelson Gonçalves de. **As bases introdutórias da análise criminal na inteligência policial.** Disponível em: <https://acervodigital.ssp.go.gov.br/pmgo/bitstream/123456789/351/30/Artigo%20-%20As%20bases%20introdut%C3%B3rias%20da%20an%C3%A1lise%20criminal%20na%20Intelig%C3%AAncia%20Policial.pdf>. Acesso em: 09 maio 2018.

Os autores creditam a Edgar Hoover, então diretor do *Federal Bureau of Investigation* (FBI), o estabelecimento de um diferencial entre as atividades de Inteligência Policial e de investigação por tratar de forma concorrente as questões de segurança interna e de investigação policial propriamente dita.

De acordo com Renato Sérgio de Lima, as estatísticas federais nos EUA surgiram com o advento do Censo realizado no ano de 1880,

> não obstante já existirem dados sobre uma das dimensões nelas contidas nos Censos de 1850, 1860 e 1870. Nesse ano, foi proposta ao Bureau do Censo uma pesquisa especial sobre "pauperismo e crime", com ênfase nos dados prisionais e em sintonia com as teses europeias sobre condicionantes socioeconômicos do crime e da violência (Lodge, 1952). Em 1850, o Censo dispunha de dados sobre crimes e, em 1870, publicava informações somente dos criminosos. Será em 1880 que essas duas dimensões serão agrupadas e trabalhadas em conjunto (Robinson, 1969: 12).[16]

No âmbito das estatísticas estaduais nos Estados Unidos, o primeiro estado a realizar monitoramentos sistemáticos na área foi o estado de Nova York e, posteriormente, os estados de Massachusetts e Maine. Conforme Renato Sérgio de Lima,

> em geral os dados eram enviados aos procuradores dos estados ou aos escrivães das cortes criminais e, em alguns casos, ao procurador geral, aos governadores e aos secretários de Estado. Segundo o texto analisado, a origem das estatísticas de Massachusetts se deu em 1832.[17]

Os UCR e NIBRS nos Estados Unidos[18] [19]

Nos Estados Unidos, com o intento de compreender mais profundamente o fenômeno da criminalidade e subsidiar o combate ao crime, no início do século XX, por intermédio da Associação Internacional de Chefes de Polícia (IACP), cria-

---

16 LIMA, Renato Sérgio de. **Contando crimes e criminosos em São Paulo:** uma sociologia das estatísticas produzidas entre 1871 e 2000. Tese de Doutorado. São Paulo: Faculdade de Filosofia, Letras e Ciências Humanas, USP, 2005. Disponível em: <http://www.teses.usp.br/teses/disponiveis/8/8132/tde-04022006-201043/pt-br.php>. Acesso em: 08 maio 2018.

17 Ibid.

18 FBI. **Uniform Crime Reporting.** Disponível em: <https://ucr.fbi.gov>. Acesso em: 09 maio 2018.

19 FBI. **NIBRS Overview.** Disponível em: <https://ucr.fbi.gov/nibrs-overview>. Acesso em: 09 maio 2018.

ram os *Uniform Crime Report System* (UCR), que significa Registros Unificados da Criminalidade.

Os Registros Unificados da Criminalidade consistiam em um banco de dados que promovia a padronização das informações produzidas pelos órgãos de segurança pública; assim, os dados padronizados oriundos dos crimes em que a polícia era notificada eram encaminhados para o FBI, cujos agentes promoviam a agregação e análise das informações de todos os pontos do país.

Hoje existem quatro publicações anuais: *Crime in the United States, National Incident-Based Reporting System, Law Enforcement Officers Killed and Assaulted* e *Hate Crime Statistics*.

Os Estados Unidos possuem também o *National Incident-Based Reporting System* (NIBRS) ou Sistema Nacional de Relatórios Baseados em Incidentes, que foi criado para melhorar a qualidade geral dos dados sobre crimes coletados.

Diferentemente dos dados relatados através dos Registros Unificados da Criminalidade, os dados da NIBRS são muito mais profundos devido à sua capacidade de fornecer circunstâncias e contexto para crimes. Ele inclui todas as infrações dentro de um único incidente e aspectos adicionais sobre cada evento, como localização, hora do dia e se o incidente foi esclarecido.

Antecedentes históricos no Brasil

No Brasil, antes do advento da República, se observaram militares desempenhando atribuições assemelhadas ao que hoje se denomina atividade de Inteligência.

Em um período seguinte, o Conselho de Defesa Nacional, apesar do contexto diferente, realizava atividades de Inteligência e era subordinado ao Presidente da República Washington Luís.

Os órgãos policiais também realizavam referidas atividades. De acordo com o Decreto nº 14.079[20], a polícia possuía uma divisão denominada Polícia Política e exercia a atribuição de manutenção da ordem pública, dentre outras.

---

[20] Decreto nº 14.079, de 25 de fevereiro de 1920.
Dá novo regulamento á Inspectoria de Investigação e Segurança Publica
O Presidente da Republica dos Estados Unidos do Brasil, usando da autorização concedida pello decreto legislativo numero 4.003, de 7 de janeiro do corrente annno, resolve decretar que a Inspectoria de Investigação e Segurança Publica seja regida pelo regulamento que a este acompanha, assignado pelo ministro de Estado da Justiça e Negocios Interiores.
Rio de Janeiro, 25 de fevereiro de 1920, 99º da Independencia e 32º da Republica.
EPITACIO PESSÔA

O referido órgão

> contava com 8 seções, entre elas a de "ordem social e segurança pública", única que não se submetia a subinspetores, estando "sob a responsabilidade imediata e direção exclusiva da Inspetoria". Entre as atribuições estavam: "zelar pela existência política e segurança interna da República (...), desenvolver a máxima vigilância contra quaisquer manifestação ou modalidade de anarquismo violento e agir com solicitude para os fins da medida de expulsão de estrangeiros perigosos.[21]

Em 1941, o então Ministro da Guerra Eurico Gaspar Dutra informou ao Ministro da Justiça sobre a necessidade de se criar um serviço secreto de informações com a incumbência de direcionar os serviços de Polícia do país, buscar informações e realizar atividades de contraespionagem no âmbito nacional e, se preciso, no exterior também.

O Ministro da Justiça concordou com Eurico Gaspar Dutra e defendeu a criação de um serviço de Inteligência vinculado a um Ministério, com certas peculiaridades.

Em 1944, foi publicado o Decreto Lei nº 6.378[22]. O Decreto Lei estabeleceu, em seu artigo 4º, que a Delegacia de Segurança Política e a Delegacia de Segurança Social eram subordinadas à Divisão de Polícia Política e Social.

---

[21] GRUPO DE PESQUISA MUNDOS DO TRABALHO. **Quadro histórico da Polícia Política do Rio de Janeiro no século XX.** Universidade Federal Fluminense. Disponível em: <http://www.historia.uff.br/mundosdotrabalhouff/dados/QUADRO_HIST%C3%93RICO_DA_POL%C3%8DCIA_POL%C3%8DTICA_NO_RIO_DE_JANEIRO.pdf>. Acesso em: 09 maio 2018.

[22] Decreto-Lei nº 6.378, de 28 de março de 1944
Transforma a Polícia Civil do Distrito Federal em Departamento Federal de Segurança Pública e dá outras providências.
O PRESIDENTE DA REPÚBLICA, usando da atribuição que lhe confere o artigo 180, da Constituição, DECRETA:

Art. 1º Fica transformada a Polícia Civil do Distrito Federal em Departamento Federal de Segurança Pública (D.F.S.P.), diretamente subordinado ao Ministro da Justiça e Negócios Interiores.

Art. 2º O D.F.S.P. terá a seu cargo, no Distrito Federal, os serviços de polícia e segurança pública e, no território nacional, os de polícia marítima, aérea e segurança de fronteiras.

Parágrafo único. Na execução dos serviços de polícia e segurança pública o D.F.S.P. prestará cooperação aos serviços de polícia estaduais, especialmente quando interessada a segurança do Estado e a estrutura das instituições.

[...]

Art. 13. As Secretarias ou Departamentos de Segurança e Chefaturas de Polícia dos Estados receberão orientação do D.F.S.P. sôbre assuntos de ordem política e social, relacionados com a segurança pública do país.

No ano de 1946, foi publicado o Decreto Lei nº 9.775-A[23] que instituiu, de forma reservada, o Serviço Federal de Informações e Contra-informações (Sfici), vinculado ao Conselho de Segurança Nacional (CSN).

De acordo com publicação da Agência Brasileira de Inteligência (ABIN),

> A criação e a consolidação do Serviço Federal de Informações e Contra-Informações (SFICI) marcou uma nova fase na história da Inteligência brasileira. O novo órgão foi criado pelo presidente Eurico Gaspar Dutra, em 1946.

Art. 14. Os agentes do D.F.S.P., quando destacados para qualquer ponto do território nacional, receberão das autoridades federais, estaduais ou municipais, todo o apôio e assistência necessários ao perfeito cumprimento da missão que lhes houver sido confiada.

Art. 15. O D.F.S.P. será dirigido por um Chefe de Polícia nomeado em comissão pelo Presidente da República.

Rio de Janeiro, 28 de março de 1944, 123º da Independência e 56º da República.

GETÚLIO VARGAS

[23] Decreto-Lei nº 9.775, de 06 de setembro de 1946

Dispõe sobre a atribuições do Conselho de Segurança Nacional e de seus órgãos complementares e dá outras providências.

O Presidente da República, usando da atribuição que lhe confere o artigo 180 da Constituição, decreta:

CAPÍTULO I

GENERALIDADES

Art. 1º O Conselho de Segurança Nacional, sob a presidência do Chefe da Nação, e constituído pelos Ministros, de Estado, pelo Chefe do Estado Maior Geral e pelos Chefes dos Estados Maiores do Exército, da Armada e da Aeronáutica, tem, por finalidade, o estudo das questões relativas à segurança Nacional.

Parágrafo único. Além dos membros mencionados no artigo, poderão ser convocados os altos comandos militares e outras altas autoridades administrativas.

[...]

Art. 3º Cabe ao Presidente da República o estabelecimento das bases para a montagem do ou dos Planos de Guerra, isto é, a escolha das hipóteses de Guerra a encarar, bem como a direção geral da guerra quando declarada.

[...]

Art. 5º São órgãos complementares do Conselho de Segurança Nacional:

a) a Comissão de Estudos;

b) as Seções de Segurança Nacional dos Ministérios Civis;

c) a Comissão Especial da Faixa de Fronteiras.

[...]

Art. 26. O presente Decreto-lei entrará em vigor na data de sua publicação, revogadas as disposições em contrário.

Rio de Janeiro, 06 de setembro de 1946; 125º da Independência e 58º da República.

EURICO G. DUTRA

> O SFICI apresenta dois momentos bem distintos: um que vai de sua criação, em 1946, até 1958; e outro, de 1958 até sua extinção, em 1964. O primeiro período foi marcado pela criação dos marcos conceituais da atividade de Inteligência e por sua constituição legal. Em 1949, por exemplo, foi aprovado o "Regulamento para a Salvaguarda das Informações que interessam à Segurança Nacional" (RSISN). O documento foi a primeira legislação voltada diretamente à proteção das informações sigilosas do governo brasileiro.
>
> Mas foi a partir do ano de 1958, no governo do presidente Juscelino Kubitschek de Oliveira, que o SFICI se consolida como órgão de Inteligência propriamente dito, com a criação de sua estrutura técnica, administrativa e operacional. Até aquele momento, a Inteligência só trabalhava com análise e não possuía agentes de campo.[24]

Posteriormente houve a criação do Serviço Nacional de Informações (SNI), que, de acordo com publicação da Agência Brasileira de Inteligência,

> trouxe à área de Inteligência uma ampla estrutura nacional. O SNI foi instituído pela Lei nº 4.341, de 13/06/1964, com a função de "superintender e coordenar, em todo o território nacional, as atividades de Informações e Contra-Informações, em particular as que interessem à Segurança Nacional".
>
> O novo órgão era diretamente ligado à Presidência da República e atendia o presidente e o Conselho de Segurança Nacional. O chefe do Serviço tinha sua nomeação sujeita à aprovação prévia do Senado Federal e contava com prerrogativas de ministro.
>
> O SNI incorporou todo o acervo do Serviço Federal de Informações e Contra-Informações (SFICI), inclusive os funcionários civis e militares. A estrutura também era similar à de seu órgão antecessor. Uma série de inovações, entretanto, foram feitas. Uma das principais foi a instalação de uma Agência Central e de 12 Agências Regionais distribuídas pelo território nacional.
>
> A Agência Central contava com as áreas de Informações Externas, Informações Internas, Contra-Informação e Operações de Informações. O mes-

---

[24] ABIN. **Serviço Federal de Informações e Contra-Informações.** Disponível em: <http://www.abin.gov.br/institucional/historico/1946-servico-federal-de-informacoes-e-contra-informacoes-sfici/>. Acesso em: 09 maio 2018.

> mo decreto que criou as Agências estabeleceu o "Regulamento de Salvaguarda de Assuntos Sigilosos" (RSAS) - Decreto 60.417, de 11/3/1967.[25]

Em virtude da redemocratização, que a partir de 1979 passou a tomar contornos, o SNI teve suas atribuições mais limitadas e também suas ações passaram a ser mais controladas pelos governos subsequentes. Essas novas perspectivas sobre o SNI culminaram na sua extinção pelo governo de Fernando Collor de Melo, no início da década de 1990.

A partir da extinção do SNI, as atividades de Inteligência de Estado foram mitigadas e passaram a ser desempenhadas pela Secretaria de Assuntos Estratégicos (SAE).

Agência Brasileira de Inteligência

É possível conjecturar que, somente no ano de 1999, as atividades de inteligência passaram a ser mais valorizadas. Neste ano houve a promulgação da Lei nº 9.883[26] que instituiu o Sistema Brasileiro de Inteligência, que integra as ações de planejamento e execução das atividades de Inteligência do país. A Lei também criou a Agência Brasileira de Inteligência (ABIN), que é o órgão central do Sistema Brasileiro de Inteligência e tem a função de planejar, executar, coordenar, supervisionar e controlar as atividades de Inteligência do país.

Com a criação da ABIN, surgiu um órgão muito diferente do extinto SNI, tendo em vista que, enquanto este visava, principalmente, conter focos de subversão e a interferência de países considerados comunistas, a ABIN exerce o papel de coordenação entre os órgãos de Inteligência, visando coordenar as atividades de tais órgãos e identificar reais ameaças ao país e à sociedade. Como exemplo de atividades desempenhadas pela ABIN, encontramos: prevenção de casos de espionagem de outros países, de terroristas, de organizações criminosas e de outros agentes nocivos ao Estado Democrático de Direito.

A ABIN atua na Inteligência e Contrainteligência, sendo que a Inteligência realiza

> [...] ações de obtenção de dados associadas à análise para sua compreensão. A análise transforma os dados em cenário compreensível para o en-

[25] ABIN. **Serviço Federal de Informações e Contra-Informações.** Disponível em: <http://www.abin.gov.br/institucional/historico/1946-servico-federal-de-informacoes-e-contra-informacoes-sfici/>. Acesso em: 09 maio 2018.

[26] Ver Capítulo 7, "Legislação".

tendimento do passado, do presente e para a perspectiva de como tende a se configurar o futuro.

A Inteligência trata fundamentalmente da produção de conhecimentos com objetivo específico de auxiliar o usuário a tomar decisões de maneira mais fundamentada. O conhecimento de Inteligência é o produto final desenvolvido pela ABIN e difundido à Presidência da República, aos órgãos do SISBIN e a instituições com competência para decidir sobre assuntos específicos.[27]

No que concerne a metodologia

A Inteligência faz uso de instrumentos de obtenção e de análise de dados disponíveis nas diversas áreas do conhecimento. Além disso, realiza ações de busca de dados com uso de técnicas especializadas, desenvolvidas por meio de treinamento específico.

As técnicas especializadas dão ao profissional de Inteligência acesso a dados que não estão disponíveis ao pesquisador ou ao público em geral e a dados que são protegidos indevidamente por aqueles que os detêm. Todas as ações especializadas são conduzidas com irrestrita observância às leis e aos princípios éticos que regem o Estado brasileiro.

A Inteligência tem ainda o desafio de tratar os dados obtidos, atribuir credibilidade e obter um significado de seu conjunto. Esse processo requer treinamento e utilização de técnicas de diversas áreas do conhecimento.

No processo de análise, os dados têm sua credibilidade avaliada e são interpretados a partir de metodologia específica de produção de conhecimentos de Inteligência. Outras metodologias de análise que possam apoiar a produção de conhecimentos são também empregadas. A análise permite a compreensão dos fenômenos e a elaboração de cenários prospectivos que orientam a tomada de decisões.

Como resultado de todo esse processo, a Inteligência oferece às autoridades nacionais conhecimentos com credibilidade, completude e objetividade.[28]

---

27 ABIN. **Inteligência.** Disponível em: <http://www.abin.gov.br/atividadeinteligencia/inteligenciaecontrainteligencia/inteligencia/>. Acesso em: 09 maio 2018.

28 Ibid.

A Contrainteligência objetiva

> [...] a produção de conhecimentos e a realização de ações voltadas para a proteção de dados, conhecimentos, infraestruturas críticas - comunicações, transportes, tecnologias de informação - e outros ativos sensíveis e sigilosos de interesse do Estado e da sociedade.
>
> O trabalho desenvolvido pela Contrainteligência tem foco na defesa contra ameaças como a espionagem, a sabotagem, o vazamento de informações e o terrorismo, patrocinadas por instituições, grupos ou governos estrangeiros.
>
> A atuação da Contrainteligência ultrapassa os limites da ABIN e do SISBIN. Ela contribui para a salvaguarda do patrimônio nacional sob a responsabilidade de instituições das mais diversas áreas, consideradas de interesse estratégico para a segurança e para o desenvolvimento nacional.[29]

Quanto à metodologia da Contrainteligência, é importante destacar que a ABIN

> [...] desenvolve ações voltadas para a prevenção, detecção, obstrução e a neutralização de ameaças aos interesses nacionais.
>
> Na área de prevenção, a Contrainteligência atua na sensibilização, orientação e capacitação de instituições estratégicas nacionais para a proteção de ativos de interesse do Estado e da sociedade, promovendo a adoção de comportamentos e medidas de segurança. Atua também na avaliação dos riscos de segurança dessas instituições para alertá-las para o perigo a que estão expostas.
>
> Na área de detecção, obstrução e neutralização, a Contrainteligência atua no desenvolvimento de ações, inclusive especializadas, fazendo uso de recursos humanos e tecnológicos, com o objetivo de frustrar possíveis ameaças aos interesses nacionais.[30]

Inteligência

De acordo com Luiz Carlos Guedes, a informação é "toda notícia, fato, sinal, obtido por intermédio dos sentidos ou de aparelhos acústicos, óticos, elétricos, eletrônicos ou outros meios". O autor define o conhecimento como sendo "toda infor-

---

[29] ABIN. **Contrainteligência.** Disponível em: <http://www.abin.gov.br/atividadeinteligencia/inteligenciaecontrainteligencia/contrainteligencia/>. Acesso em: 09 maio 2018.
[30] Ibid.

mação passível de ser percebida, apreendida e analisada pela mente humana"[31] e entende que a matéria-prima dos órgãos e pessoas ligadas à Inteligência é a informação. Para ele, o produto final do trabalho de todos os envolvidos com o processo de produção de um conhecimento de Inteligência também pode ser considerado informação.

Conforme o Manual Operacional do Policial Civil,

> como *processo*, o conhecimento é a formação na mente humana de uma imagem, que pode decorrer da observação pessoal, do relato oral e/ou da leitura de documentos. Como *produto*, é a representação oral ou escrita da imagem fornecida.
>
> Na produção de informações o que se busca é o *conhecimento científico* que se fundamenta na objetividade e na evidência dos fatos de modo *sistemático* – metódico e ordenado – e *verificável* de modo a ensejar a comprovação das hipóteses indicadas.[32]

A informação de Inteligência nesse contexto é todo o conhecimento integrado, sigiloso, resultante da coleta ou busca, do processamento e da análise de todas as informações sobre um assunto.

No entendimento de Marco Aurélio Chaves Cepik, existem dois significados distintos para a palavra Inteligência, além das definições relacionadas ao campo da psicologia. O primeiro significado tem um sentido mais amplo, o segundo é mais restrito.

No âmbito mais amplo, a "Inteligência é toda informação coletada, organizada ou analisada para atender a demanda de um tomador de decisões", seja na esfera de atuação dos governos, do meio empresarial ou de organizações sociais. Esse tipo de definição relaciona a Inteligência com o conhecimento e a informação.

Outro conceito de Inteligência, desta vez mais restrito, entende que a Inteligência significa "a coleta de informações sem o consentimento, a cooperação ou mesmo o conhecimento por parte dos alvos da ação. Nesta acepção, a Inteligência é o mesmo que segredo ou informação secreta"[33].

---

[31] GUEDES, Luiz Carlos. A mãe das inteligências. **Revista Brasileira de Inteligência**, vol. 2, n. 2, abr. 2006, Brasília, p. 22.

[32] QUEIROZ, Carlos Alberto Marchi de (Coord.). **Manual Operacional do Policial Civil.** São Paulo: Delegacia Geral de Polícia, 2004, p. 124.

[33] CEPIK, Marco Aurélio Chaves. Inteligência e Políticas Públicas: dinâmicas operacionais e condições de legitimação. **Security and Defense Studies Review**, vol. 2, Winter 2002/2003. Disponível em: <https://www.hsdl.org/?view&did=443742>. Acesso em: 08 maio 2018.

Para Cláudia Rebello, a Inteligência consiste em uma atividade desempenhada pelo Estado e não pelo governo, a qual se divide em produção de conhecimento e proteção de conhecimento. De acordo com a autora, a produção de conhecimentos envolve análise de informações, bem como estudo criterioso da qualidade e da credibilidade das fontes utilizadas[34].

Conforme a Lei nº 9.883/99, que instituiu o Sistema Brasileiro de Inteligência e criou a Agência Brasileira de Inteligência, inteligência é

> [...] a atividade que objetiva a obtenção, análise e disseminação de conhecimentos dentro e fora do território nacional sobre fatos e situações de imediata ou potencial influência sobre o processo decisório e a ação governamental e sobre a salvaguarda e a segurança da sociedade e do Estado[35].

A inteligência pode ser vislumbrada sob a perspectiva de produto, organização e atividade/processo, sendo que produto representa o resultado do conhecimento produzido, organização é a estrutura que promoverá a realização de suas atividades e atividade/processo é a metodologia para a produção do conhecimento.

No mesmo sentido, Abraham Shulsky e Dary Schmitt apresentam a inteligência como informação, atividades e organizações[36].

Conforme Jorge da Silva Bessa, a Inteligência pode ser vislumbrada como informação, atividade ou organização.

Inteligência como informação:

> Seria muito longa a lista de definições e de visões sobre Inteligência, seja ela competitiva, econômica, militar ou governamental. O que interessa destacar, de todas essas definições, são os seguintes pontos:
>
> - A maioria dos autores entende a Inteligência como um produto final, um produto refinado, destinado ao assessoramento. Fundamentalmente a Inteligência deve servir como suporte ao processo decisório e ao planejamento estratégico.

---

34 REBELLO, Claudia Assaf Bastos. Necessidade de Inteligência do Estado brasileiro. **Revista Brasileira de Inteligência**, vol. 2, n. 2, abr. 2006, Brasília, p. 41.

35 BRASIL. Lei nº 9.883, de 7 de dezembro de 1999. Institui o Sistema Brasileiro de Inteligência, cria a Agência Brasileira de Inteligência – ABIN, e dá outras providências. Disponível em: <http://www.planalto.gov.br/ccivil_03/leis/L9883.htm>. Acesso em: 09 maio 2018.

36 SHULSKY, Abraham; SCHMITT, Gary J. **Silent Warfare:** understanding the world of intelligence. 3rd.ed. Washington, DC: Brassey's, 2002.

- É baseada em uma metodologia de coleta e interpretação de dados e informações.
- Destina-se a atender uma necessidade específica dos planejadores e decisores.
- Deve ser proativa.
- O esforço da Inteligência Competitiva vai ser o meio ambiente empresarial, os competidores, suas potencialidades e fraquezas, as ameaças que podem representar, etc.
- É voltada para a decisão, para a ação.
- Deve avaliar a capacidade atual, a potencialidade futura, e intenções de potências estrangeiras, exércitos ou competidores.

Inteligência como atividade:

Como atividade especial, deve-se entender que, em boa medida, a Inteligência irá atuar em um ambiente onde o sigilo é uma arma fundamental por parte daqueles que não desejam que seus conhecimentos, atividades ou ações sejam descobertos. Em relação a isso se convencionou dizer que o que distingue a atividade de Inteligência de outras atividades é exatamente a busca do dado negado, o que exige o emprego de métodos e equipamentos especiais. Obviamente essa assertiva é válida apenas para a Inteligência governamental, pois, no ambiente coorporativo, a Inteligência Competitiva preconiza a utilização de fontes abertas e desaconselha-se o emprego da espionagem, ou de qualquer ação ilegal. Assim sendo, pelo amplo espectro de sua atuação, a Inteligência necessita de profissionais especialmente preparados, já que o adversário irá se proteger por todos os meios através de Contraespionagem e outras medidas de Contrainteligência.

Inteligência como organização:

Finalmente, a Inteligência como organização aponta na direção de uma aparente contradição das democracias: um órgão do Estado baseado no segredo e cujo produto, embora reverta em favor da sociedade, não está acessível a ela. Exatamente para evitar o perigo que representa uma organização de Inteligência sem o controle da sociedade é que são criadas as Comissões de controle da atividade de Inteligência, geralmente exercidas pelo parlamento, o que garante que o poder conferido pelas informações não seja utilizado contra a sociedade ou contra a democracia[37].

---

[37] BESSA, Jorge da Silva. A importância da inteligência no processo decisório. **III Encontro de Estudos:** desafios para a atividade de inteligência no século XXI. Brasília, set. 2004. Disponível em:

Inteligência Policial

Pode-se conceituar a Inteligência Policial (ou Inteligência de Segurança Pública – ISP) como sendo o conjunto de ações no sentido de coletar, analisar, sistematizar e agregar valor às informações com o objetivo de identificar, antecipar e evitar lesões à segurança pública ou seus órgãos e, caso tais lesões não sejam evitadas, oferecer uma resposta efetiva dos órgãos de segurança, protegendo dessa forma a sociedade e o Estado[38].

De acordo com Robinson Fernandes, atividade de Inteligência significa

> conjunto de medidas e ações adotadas objetivando adquirir e armazenar informações de interesse da Segurança Pública, da investigação policial, almejando medidas persecutórias na constituição de provas ou mesmo na prevenção, a fim de se entender um contexto e panorama criminoso, os fatos praticados pelos delinquentes, a identificação destes e o respectivo histórico, para reprimir ou antever, assessorando a tomada de decisões, resguardando e salvaguardando todas as informações e entendimentos oriundos destas, assim como a própria instituição, de investidas adversas[39].

Com muita propriedade, George Felipe de Lima Dantas explica que

> a "atividade policial guiada pela inteligência" ("intelligence-led policing") é um termo que muito recentemente começou a ser usado no Canadá e Estados Unidos da América (EUA). Função até mesmo dessa novidade de uso, a expressão ainda não tem uma definição única, plasmada pelo consenso geral. É de entendimento comum, entretanto, que a "atividade policial guiada pela inteligência" inclua, fundamentalmente, a coleta e análise de informação para elaboração de um produto final – conhecimento

---

<http://www.biblioteca.presidencia.gov.br/presidencia/dilma-vana-rousseff/publicacoes/orgao-essenciais/gabinete-de-seguranca-institucional/secretaria-de-acompanhamento-de-estudos-institucionais/iii-encontro-de-estudos-desafios-para-a-atividade-de-inteligencia-no-seculo-xxi/@@download/file/inteligencia.pdf>. Acesso em: 13 jun. 2018.

38 ANNÍBAL, Roberto; JORGE, Higor Vinicius Nogueira; LIMA, Luis Fernando Camargo da Cunha; SILVA, Wilson Correia. Integração Nacional dos Setores de Inteligência Policial. **Revista da Associação dos Delegados de Polícia do Estado de São Paulo**, ano 24, n. 35, mar. 2007, São Paulo, p. 19.

39 FERNANDES, Robinson. **Análise de inteligência e o enfrentamento da criminalidade organizada.** São Paulo: ACADEPOL, 2007.

– criado para instrumentar o processo decisório da gestão policial, tanto através da análise criminal tática quanto estratégica[40].

Princípios da Inteligência Policial

Em apertada síntese, pode-se dizer que são princípios da Inteligência Policial: amplitude (obter os mais abrangentes resultados), interação (aprimorar as relações sistêmicas de cooperação visando cumprir os objetivos almejados), oportunidade (desenvolver a ação dentro de um prazo apropriado para seu aproveitamento), objetividade (levar em consideração as finalidades da atividade de Inteligência), permanência (garantir o fluxo constante de dados e conhecimentos, evitando que ocorra solução de continuidade), precisão (produzir o conhecimento verdadeiro, exato e útil), simplicidade (concisão na produção do conhecimento, evitando custos e riscos dispensáveis), imparcialidade (atuação isenta, evitando opiniões tendenciosas para que não ocorram distorções no resultado), legalidade (vinculação absoluta aos preceitos legais), compartimentação (permitir o acesso ao conhecimento somente quando houver real necessidade, considerando as credenciais de segurança que possua e as funções desempenhadas), controle (supervisão em todas etapas da produção do conhecimento) e sigilo (preservação dos ativos e recursos para evitar a difusão indevida dos conhecimentos).

Considerando que esta obra trata da Inteligência e da Investigação, para evitar dúvidas, é necessário esclarecer que os termos não são sinônimos. De forma concisa, pode-se afirmar que Inteligência utiliza uma metodologia para a produção de conhecimentos com o fito de subsidiar a atuação do tomador de decisões, é proativa, aborda o fenômeno criminal sob uma perspectiva abrangente, sendo, por natureza, dissimulada, enquanto a Investigação tem a finalidade principal de produzir provas e evidências da autoria e materialidade de um fato criminoso, é reativa, repressiva, aborda o fenômeno criminal por uma perspectiva individual, dentre outras diferenças.

O ínclito professor Mauricio Correali apresenta, como de costume, uma brilhante abordagem do tema ao afirmar:

---

40 DANTAS, George Felipe de Lima. **Novos rumos da inteligência policial.** Disponível em: <https://projetos.inf.ufsc.br/arquivos_projetos/projeto_681/Resumo%20Artigo%20Novos%20Rumos%20da%20Inteligencia%20Policial.pdf>. Acesso em: 09 maio 2018.

Após cuidadoso estudo das duas disciplinas, infere-se:

a) A Inteligência, aplicada ao contexto policial, especialmente quanto ao exercício da polícia judiciária, caracteriza-se como um meio de que se vale a autoridade policial para subsidiar seus trabalhos de pesquisa dos meandros dos casos criminais que lhe são submetidos. A metodologia empregada na produção de informações úteis é uma ferramenta para a investigação criminal, que é finalística;

b) Ocorrida uma infração penal, fica nítida a percepção de que os mecanismos de prevenção não foram suficientes para que se desencadeasse o evento. A partir de então, os investigadores realizarão pesquisas diversas, de caráter histórico, ou seja, voltar-se-ão ao passado criminal a fim de recolher todos os elementos e evidências ensejadores da responsabilização penal do autor dos fatos.

Nota-se que a atividade de investigação é realizada no presente, mas perscrutando experiências passadas que subsidiarão a atuação estatal futura, qual seja a de processar o sujeito ativo da infração penal. Em última análise, propiciará a *persecutio criminis in judicio.* A Inteligência Policial apresenta a característica da proatividade, ou seja, analisa dados atuais ou passados mas se voltando para o futuro; tem em vista fortalecer decisões que virão a ser tomadas. Antecipa-se aos fatos, portanto. Como visto, a investigação ocorre *post factum*, sendo reativa;

c) A Investigação Policial é eminentemente uma atividade probatória, isto é, dirige-se à produção de provas criminais. Demonstrando a verdade real dos acontecimentos, viabiliza a atuação dos órgãos acusadores em juízo.

Já os órgãos de Inteligência não têm função precípua de produzir provas no sentido processual. De forma básica, buscam produzir evidências de fatos, após aplicação de metodologia de produção de conhecimento. Nada impede, no entanto, que as técnicas empregadas na atividade de Inteligência acabem por produzir provas[41].

---

[41] CORREALI, Maurício. **A atividade de inteligência de Segurança Pública e sua importância para o aperfeiçoamento da investigação policial.** Dissertação apresentada para Seleção de Professor Temporário de Inteligência Policial. Academia de Polícia "Dr. Coriolano Nogueira Cobra". São Paulo, 2007, p. 19-20.

Outras atividades de Inteligência

Inteligência de Estado

A Inteligência de Estado é a realização de atividades de Inteligência e Contrainteligência com o intuito de proteger o Estado de ameaças externas e internas que possam proporcionar riscos ao país.

Inteligência Competitiva

A Inteligência Competitiva é a antecipação de cenários e definição de estratégias visando oferecer subsídios para a tomada de decisões no âmbito corporativo.

De acordo com Daniel Roedel, Inteligência Competitiva é o

> [...] processo sistemático de coleta, tratamento, análise e disseminação da informação sobre a atividade dos concorrentes, fornecedores, clientes, tecnologias e tendências gerais de negócios, visando subsidiar a tomada de decisão e atingir as metas estratégicas da empresa[42].

Contrainteligência

A Contrainteligência ou Contrainformação é um dos ramos da atividade de Inteligência que objetiva identificar e evitar ações lesivas aos institutos preservados pelos órgãos de inteligência, principalmente no que concerne aos conhecimentos e dados considerados sigilosos.

De forma mais detalhada, pode-se afirmar que a Contrainteligência promoverá a proteção dos conhecimentos produzidos, auxiliará a seleção de pessoas idôneas e vocacionadas para os órgãos, assim como identificará e neutralizará todas as ações que possam causar problemas ao órgão de inteligência ou à instituição vinculada.

A Contrainteligência também terá a incumbência de promover a proteção das áreas e instalações, evitará acessos não autorizados, bem como impedirá o compartilhamento de informações com órgãos e pessoas que não tenham a real necessidade de acesso a elas[43] e combaterá a ações de espionagem, infiltração, terrorismo, penetração, desinformação e propaganda adversa.

---

[42] ROEDEL, Daniel. **Estratégia e Inteligência Competitiva:** gestão estratégica da informação e inteligência competitiva. São Paulo: Saraiva, 2006, p. 77-78.

[43] Princípio da compartimentação: somente deverão receber as informações aqueles que possuam a real necessidade de ter acesso a elas.

Segundo Carlos Alberto Marchi de Queiroz, contrainformação consiste num "conjunto de medidas ativas e passivas que visam assinalar, evitar e neutralizar a espionagem ou quaisquer outras atividades de Informação da pessoa ou entidade considerada inimiga. Aqui o sigilo, a técnica e a utilização de equipamentos especiais contribuem para impedir tais manobras"[44].

Com muita propriedade, Cláudia Rebello explica que

> o ato de proteger dados e conhecimentos sensíveis produzidos pelo País, seus interesses estratégicos e, ainda, suas riquezas naturais está no âmbito da Contrainteligência, cuja essência é salvaguardar a sociedade e o Estado de ações adversas perpetradas por agentes estrangeiros. As ações de Contrainteligência buscam identificar e prevenir vulnerabilidades, detectar o invasor, neutralizar sua atuação, recuperar eventuais perdas e contra-atacar por meio, por exemplo, de desinformação. Os segmentos de proteção do conhecimento abrangem segurança das pessoas, das áreas e instalações, dos documentos e materiais, das comunicações e dos sistemas de informação. Inteligência e Contrainteligência contam, ainda, com a parte operacional da atividade que compreende a utilização de técnicas especiais - sempre legais - na busca do dado negado.[45]

A seguir, o subscritor apresentou um diagrama com as principais funções da Contrainteligência e, em seguida, algumas informações sobre as funções.

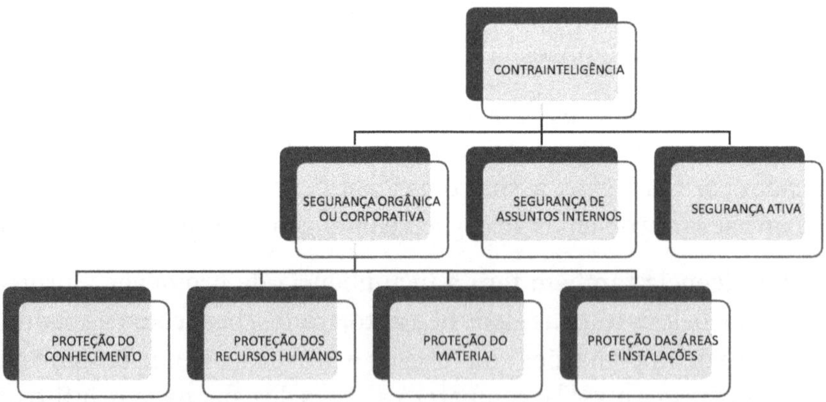

Figura 1 - Diagrama com as principais funções da Contrainteligência

---

[44] QUEIROZ, Carlos Alberto Marchi de. (Coord.) **Manual Operacional do Policial Civil.** São Paulo: Delegacia Geral de Polícia, 2002, p. 120.

[45] REBELLO, Claudia Assaf Bastos. Necessidade de Inteligência do Estado brasileiro. **Revista Brasileira de Inteligência**, vol. 2, n. 2, abr. 2006, Brasília, p. 41.

A segurança orgânica ou corporativa é um conjunto de procedimentos com o intuito de prevenir e obstruir ameaças contra pessoas, dados, conhecimentos, materiais, áreas e instalações, por intermédio da análise de vulnerabilidades e ameaças, bem como conscientização de todos os integrantes dos órgãos sobre as medidas de segurança.

A segurança da informação objetiva assegurar a segurança, o controle, impedir vazamentos e prever consequências do vazamento de informações.

São princípios da segurança da informação:

1. **Disponibilidade:** a informação estará sempre acessível ao órgão ou seu integrante.
2. **Integridade:** a informação não sofreu destruição ou modificação.
3. **Confidencialidade:** a informação não poderá ser acessada por quem não tiver autorização para esse fim.
4. **Autenticidade:** a informação foi produzida, expedida, modificada ou destruída por integrante de órgão com essa atribuição.

A segurança de assuntos internos objetiva identificar e evitar agentes com desvios de conduta e colaborar com ações correcionais, e a segurança ativa prevê a realização de ações de natureza expressamente ofensivas contra ações adversas (são exemplos de segurança ativa a realização de contraterrorismo, contrapropaganda etc.).

O plano de segurança corporativa (orgânica) é um documento de medidas que direcionam os procedimentos de interesse da segurança orgânica, oferendo informações sobre as principais vulnerabilidades observadas quanto ao pessoal, documentos, material, áreas, instalações etc. e as sugestões de aprimoramento e segurança.

Ações Operacionais de Inteligência

As técnicas operacionais de inteligência podem ser conceituadas como um conjunto de recursos utilizados para buscar informações que não estejam disponíveis para o destinatário do conhecimento.

Dentre as mais relevantes é possível citar o reconhecimento, a vigilância, o monitoramento, a entrada, o recrutamento, a penetração, a provocação, a entrevista, o interrogatório, a estória-cobertura, o disfarce, a fotografia oculta e a infiltração, que posteriormente será mais debatida.

De acordo com Cláudio Andrade Rêgo, existem as ações operacionais de inteligência e as técnicas operacionais de inteligência. De acordo com o autor:

> Ações Operacionais de Inteligência (AOI)
>
> 1. Reconhecimento 2. Vigilância 3. Monitoramento (Físico ou Eletrônico) 4. Entrada 5. Recrutamento 6. Infiltração 7. Penetração 8. Provocação 9. Entrevista 10. Interrogatório
>
> Técnicas Operacionais de Inteligência (TOI)
>
> 1. Observação, Memorização e Descrição (OMD) 2. Disfarce 3. Estória-Cobertura (EC) 4. Retrato Falado 5. Leitura Corporal e da Fala 6. Comunicação Sigilosa 7. Emprego dos Meios Cine-Fotográficos 8. Emprego de Meios Eletrônicos 9. Emprego do Detector de Mentiras 10. Papiloscopia 11. Documentoscopia 12. Foto-Interpretação[46]

Doutrina Nacional de Inteligência de Segurança Pública (DNISP)

A Doutrina Nacional de Inteligência de Segurança Pública é um conjunto de informações destinadas a disciplinar as atividades de inteligência de segurança pública, proporcionando uma padronização dos conhecimentos produzidos entre órgãos de inteligência vinculados ao sistema de inteligência de segurança pública.

De acordo com Emerson Wendt, a Doutrina de Inteligência de Segurança Pública é

> um conjunto de normas, métodos, valores e princípios orientadores que, associados aos pressupostos éticos, regem as atividades de inteligência de segurança pública, voltadas para a produção e proteção de conhecimentos relativos à Segurança Pública, tanto do ponto de vista estratégico quanto tático[47].

---

[46] RÊGO, Cláudio Andrade. **Doutrina e Método da Escola Superior de Inteligência.** Disponível em: <https://books.google.com.br/books?id=k-hIBQAAQBAJ&pg=PA110&lpg=PA110#v=onepage&q&f=false>. Acesso em: 09 maio 2018.

[47] WENDT, Emerson. Inteligência de Segurança Pública e DNISP – Aspectos iniciais. **Inteligência Policial**, 15 mar. 2010. Disponível em: <http://www.inteligenciapolicial.com.br/2010/03/inteligencia-de-seguranca-publica-e.html>. Acesso em: 09 maio 2018.

Em síntese, de acordo a Doutrina Nacional de Inteligência de Segurança Pública, a Inteligência de Segurança Pública se estrutura em dois ramos, sendo eles a Inteligência e a Contrainteligência. Enquanto a Inteligência objetiva "produzir conhecimentos de interesse da Segurança Pública", a Contrainteligência almeja "produzir conhecimentos para a proteção da atividade de Inteligência e a instituição a que pertence".

O elemento operacional realiza o apoio aos ramos da atividade de Inteligência por meio da realização de ações de busca e tem o intuito de obter dados negados.

Metodologia da produção do conhecimento

Trata-se do agrupamento de procedimentos executados pelo agente de inteligência visando sistematizar a produção do conhecimento, evitar ações intuitivas e racionalizar o trabalho.

A primeira fase da metodologia é o planejamento, que define os conhecimentos que serão produzidos.

Em seguida, a reunião, na qual ocorre a coleta dos elementos disponíveis (fontes abertas) e a busca dos dados indisponíveis (fontes fechadas). Nesta fase, caso existam informações indisponíveis, poderá ocorrer o acionamento do elemento operacional para a denominada busca em campo dos dados negados (pedido de busca se a solicitação for para órgãos de fora da instituição e ordem de busca se for direcionada para integrantes da mesma instituição).

A fase subsequente é a análise; nesta serão determinados o valor do conhecimento produzido e a sua integração. Também é nesta fase que ocorrerão a decomposição, a avalição e a integração dos dados.

A próxima fase é a da interpretação. Nela será construído o significado final do assunto analisado e, por fim, realizar-se-ão a formalização e a difusão dos conhecimentos para os órgãos adequados.

Síntese da metodologia da produção do conhecimento

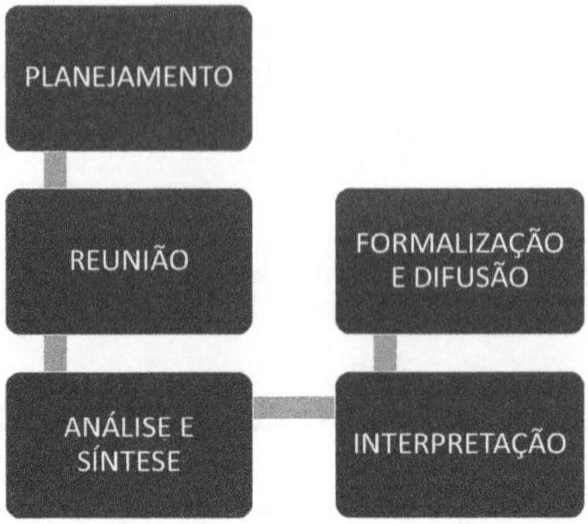

Figura 2 - Metodologia da produção do conhecimento

A análise de vínculos aplicada na segurança pública

Análise de vínculos

A análise de vínculos corresponde ao estudo de registros capazes de demonstrar relacionamentos entre indivíduos, objetos, registros bancários, telefônicos, veículos, armas, redes sociais e, com isso, identificar padrões de comportamento que, no âmbito policial, possam indicar a participação dos indivíduos em uma organização criminosa.

Por intermédio desse tipo de análise, é possível conjecturar os aspectos organizacionais e funcionais de grupos criminosos e até identificar os seus membros.

Com o advento das redes sociais e dos programas de comunicação, surgiram novas possibilidades para a análise de vínculos entre investigados. Por exemplo, a amizade entre dois alvos por intermédio dos seus perfis pessoais do Facebook ou o fato de pertencerem ao mesmo grupo do WhatsApp podem ser indícios de vínculos entre eles.

A palavra vínculo é comumente utilizada na doutrina para definir o vínculo associativo necessário para a configuração de certos crimes. Como exemplo, no crime de associação para o tráfico de drogas, exige-se o vínculo entre os seus autores e, para a configuração desse delito, é necessário que dois ou mais indivíduos se associem com o objetivo de praticar, de forma reiterada ou não, os crimes dispostos nos artigos 33, *caput* e § 1º, e 34 da Lei nº 11.343/06.

O crime de associação criminosa previsto no artigo 288 do Código Penal, que trata da associação de três ou mais pessoas para o fim específico de cometer crimes, também prevê a necessidade do vínculo associativo entre elas.

O parágrafo 1º do artigo 1º da Lei nº 12.850/13 estabelece que "considera-se organização criminosa a associação de quatro ou mais pessoas estruturalmente ordenada e caracterizada pela divisão de tarefas, ainda que informalmente, com objetivo de obter, direta ou indiretamente, vantagem de qualquer natureza, mediante a prática de infrações penais cujas penas máximas sejam superiores a quatro anos, ou que sejam de caráter transnacional"[48].

Um exemplo interessante de análise de vínculos é apresentado no site do FBI[49]. De acordo com o site, a prisão de Saddam Hussein, escondido em lugar remoto do Iraque no ano de 2003, deu-se com o auxílio de recursos tecnológicos aptos a realizar a análise de redes. O mesmo ocorreu para prender os "snipers" que aterrorizavam os EUA e o terrorista árabe Ali al Timimi envolvido nos ataques de 11 de setembro. Neste último caso, foi possível estabelecer conexões entre os terroristas escalonando-os em formato de pirâmide com o líder do grupo, Ali al Timimi, posicionado no topo.

Por intermédio da análise de vínculos, é possível que se visualize, de forma gráfica, os elementos funcionais e estruturais da investigação. Assim, as informações relacionadas com aquilo que George Felipe de Lima Dantas e Celso Moreira Ferro Júnior chamam de "alvos monitorados" são capturadas, armazenadas e diagramadas. Com isso, permite-se que seja emprestado um valor agregado superior ao que se obteria caso não se utilizasse deste método.

Pelo entendimento de George Felipe de Lima Dantas, o termo "vínculo" significa a ligação entre elementos de um determinado universo. De acordo com o autor,

> no domínio da análise de Inteligência de Segurança Pública (ISP), identificar os entes vinculados e determinar suas relações permite, respectivamente, (i) identificar delinquentes e (ii) determinar seus crimes ou propósitos criminosos. A análise criminal envolve descobrir o significado das relações existentes entre os elementos de uma usualmente grande e complexa "teia" de eventos, nela incluídos registros de chamadas telefônicas e mensagens eletrônicas, sítios visitados da Internet, débitos feitos em

48 Ver Capítulo 7, "Legislação".

49 FBI. **Finding the Missing Links:** technology helps FBI unravel criminal and terrorist networks. Aug. 18, 2005. Disponível em: <https://archives.fbi.gov/archives/news/stories/2005/august/links081805>. Acesso em: 13 jun. 2018.

> cartões magnéticos, transferências bancárias, viagens realizadas, contatos pessoais, etc.[50]

Existe uma diversidade de programas comerciais de computador que realizam a análise de vínculos, como o IBM i2 Analyst's Notebook.

O IBM i2 Analyst's Notebook, conforme consta no site sobre a ferramenta:

> (...) é uma ferramenta de análise visual que ajuda a transformar dados em inteligência. A solução oferece recursos inovadores como visualizações de redes conectadas, análise de rede social e visualizações geoespaciais ou temporais para ajudar a revelar conexões e padrões ocultos nos dados. Esses insights podem ajudar a identificar e interromper ameaças criminosas, cibernéticas e fraudulentas de uma maneira melhor[51].

Outras opções:

- IBM i2 Analyst's Notebook Premium: <https://www.ibm.com/br-pt/marketplace/visual-analysis-environment>.
- IBM i2 Analyze: <https://www.ibm.com/br-pt/marketplace/enterprise-intelligence-analysis>.

---

[50] FERRO JUNIOR, Celso Moreira; DANTAS, George Felipe de Lima. **A descoberta e a análise de vínculos na complexidade da investigação criminal moderna.** Disponível em: <http://www.egov.ufsc.br/portal/sites/default/files/anexos/13124-13125-1-PB.pdf>. Acesso em: 09 maio 2018.

[51] IBM. **IBM i2 Analyst's Notebook.** Disponível em: <https://www.ibm.com/br-pt/marketplace/analysts-notebook>. Acesso em: 13 jun. 2018.

2. Técnicas de Investigação

Depois de ter discorrido sobre alguns aspectos da Inteligência, cabe apresentar alguns procedimentos atinentes à investigação criminal.

Campana (no âmbito da inteligência policial denominada Vigilância)

Esta técnica, também denominada "técnica da sombreagem", é baseada na observação do alvo ou de locais de interesse da investigação criminal. A campana é uma das mais antigas técnicas de investigação e pode ser realizada de forma fixa ou móvel. Por exemplo, quando o investigador toma um café ao lado da janela de um restaurante, visando observar o alvo que estaria comercializando drogas, o investigador está fazendo campana fixa. De outro modo, quando o policial acompanha a movimentação do alvo, sem que este o observe, tem-se a campana móvel.

De acordo com Araújo, podem ser empregados três tipos de campana móvel:

- **Campana realizada por um só homem:** é desenvolvida somente por um investigador. É a mais difícil, perigosa e cansativa. Essa modalidade é sempre passível de insucesso, principalmente se for necessário longo tempo para a execução. O investigador sozinho estará sempre correndo o risco de ser enganado com facilidade pelo observado ou de ser alvo de uma ação violenta. É aconselhada em situações muito especiais, como aquela em que o investigador, estando desacompanhado de colegas, percebe a presença de um suspeito que precisa ser observado, mas não poderá esperar a chegada de outro colega sob pena de perder de vista seu alvo. Ela deverá ser executada só durante o tempo necessário para a chegada de apoio.
- **Campanas AB e ABC:** visando reduzir os riscos e o insucesso, a campana deverá ser realizada por dois, três ou mais investigadores. Se realizada

por dois, chama-se AB, se realizada por três ou mais, chama-se ABC. A polícia deve operar sempre em vantagem, pelo menos, numericamente. O aproveitamento será melhor e menores serão os riscos de ocorrências violentas. A possibilidade de descoberta dos observadores é bem menor e, mesmo que um seja descoberto, o outro poderá dar prosseguimento ao trabalho de observação.

- **Campana progressiva:** método eficiente para a localização de esconderijos, locais de reuniões secretas, endereços ou qualquer destino ou paradeiro de pessoas que interessam à investigação. Consiste em observar a pessoa até perdê-la de vista e retomar a observação no dia ou no momento seguinte, partindo do ponto onde foi interrompida. É evidente que só terá valor se o observado seguir diariamente o mesmo caminho (ARAÚJO, 2009c, p. 58-59)[52].

No final da década de 30, Sylvio Terra demonstrava, na prática, a realização da campana ao afirmar:

> Chama-se "acampanar" seguir e vigiar, de perto, os movimentos de uma pessoa, de modo que esta não se dê por isso. Assim, uma das qualidades essenciais de um policial é saber acampanar corretamente, porque ela é necessária em quase todos os ramos da atividade do detetive ou do investigador [...] O fim da observação pessoal, no caso, é positivar-se algum fato de que existem suspeitas. Ora, uma vez ciente o observado de sua situação, procurará de todas as maneiras o disfarce de suas verdadeiras intenções e, com isto, está o serviço inutilizado. Neste caso será melhor que se o suspenda, porque prosseguir nele equivale a perder tempo ou ser conduzido a um raciocínio falso em torno dos atos do "acampanado". [...] O policial, por outro lado, que se encontre incumbido do serviço de sombreagem, não deve usar roupas vistosas, nem qualquer outra coisa capaz de voltar sobre a sua pessoa a atenção geral. Deve sim, vestir-se e agir de maneira natural e concordante com a sociedade e a localidade onde atua. Por exemplo, na cidade, as roupas sóbrias e de estilo comum devem ser preferidas, salvo se o policial esteja trabalhando, por um longo período, nas imediações de um bairro muito pobre e, mesmo de estrangeiros, pois chamaria a atenção se não se vestisse de acordo[53].

---

52 ARAÚJO, Francisco das Chagas S. **Curso investigação criminal II:** módulo 2. SENASP/MJ, 2009c.

53 TERRA, Sylvio. **Polícia, Lei e Cultura.** Rio de Janeiro: Gráfica Guarany, 1939, p. 41.

Nos últimos anos, tem sido possível utilizar recursos tecnológicos para obter a localização do alvo, não expondo o agente e evitando riscos desnecessários, o que torna a campana ainda mais eficaz. A prática de campana com base em recursos tecnológicos é denominada campana tecnológica. São exemplos de "campana tecnológica": o emprego de drones[54] para observar o que determinado sujeito está fazendo, bem como materializar as evidências que demonstram a prática de crimes; a instalação de equipamento de rastreabilidade no veículo do alvo e/ou de escuta ambiental; ou a instalação deste equipamento na sua residência ou local de trabalho.

Infiltração

A infiltração de policiais visando intensificar o combate ao crime somente passou a ser prevista pelo legislador brasileiro nas últimas décadas.

Em síntese, a infiltração é técnica aplicada nas hipóteses em que o policial ingressa em determinada organização criminosa para obter informações de interesse da investigação criminal.

De acordo com Eduardo Araújo da Silva:

> A infiltração de agentes consiste em um método de investigação de prova por meio do qual um agente, mediante prévia autorização judicial, infiltra-se em uma organização criminosa, simulando a condição de um integrante, com o objetivo de obter informações sobre seu funcionamento[55].

O Brasil se comprometeu a assinar a Convenção de Palermo (Convenção das Nações Unidas contra a Criminalidade Organizada Transnacional), sendo que foi ratificada pelo Decreto Legislativo nº 5.015/2004, com a finalidade de oferecer medidas de inovação em produção probatória.

A "Lei de Repressão ao Crime Organizado", Lei nº 9.034, de 03 de maio de 1995, foi aprovada pelo legislador brasileiro, contudo a infiltração de agentes públicos em organizações criminosas foi vetada pelo Presidente da República.

Posteriormente foi aprovada a Lei nº 10.217, de 11 de abril de 2001, que alterou a Lei nº 9.034 e passou a permitir a infiltração de agentes.

---

[54] Considerando a relevância do tema, o subscritor optou por tratar do emprego de drones pelos órgãos da segurança pública em outro capítulo desta obra.

[55] SILVA, Eduardo Araújo da. **Crime Organizado:** procedimento probatório. São Paulo: Atlas, 2003, p. 86.

Depois, com a aprovação da Lei nº 12.850[56], de 02 de agosto de 2013, a previsão continuou mantida.

A Lei nº 11.343, de 23 de agosto de 2006 (Lei de Drogas), e a Lei nº 13.441, de 08 de maio de 2017 (Lei da Infiltração de Agentes na Internet), também estabelecem a possibilidade de infiltração de policiais.

Penetração

A penetração é a técnica em que o policial ingressará em um ambiente, sem ser notado, para obter informações ou evidências de interesse da investigação criminal.

Por exemplo, um policial, se passando por cliente, ingressa em um determinado bar, cujo proprietário estaria comercializando armas de fogo e, durante a penetração, consegue imagens dele e do local onde as armas estariam armazenadas.

Recrutamento de informantes

Nesta técnica, o agente manterá contato com pessoas interessadas em colaborar com a investigação ou, no âmbito da inteligência, com eventuais ativos suscetíveis de serem recrutados pelo elemento operacional (Setor de Operações).

Entrevista e interrogatório

A entrevista inicial com a vítima de um crime pode permitir a rápida elucidação de um delito, bem como pode fazer com que a investigação fracasse, sendo importante obter o maior número possível de informações da vítima.

Em uma investigação decorrente da prática de um roubo, é necessário obter informações sobre como o roubo aconteceu, as características dos autores, eventuais suspeitos que a vítima possa indicar, bem como pessoas que tenham informações sobre a rotina da vítima e que possam ter passado essas informações para os criminosos.

Um procedimento que deve ser padrão para o investigador diz respeito à necessidade dele se deslocar para o local dos fatos logo após ter recebido a informação sobre o crime. Nessa atividade em campo do policial é importante obter informações sobre a existência de câmeras de monitoramento e sistema de se-

[56] Ver Capítulo 7, "Legislação".

gurança nas proximidades, bem como a realização de entrevista com eventuais testemunhas e outras pessoas cujas informações possam auxiliar na elucidação do delito.

Se o crime tiver sido praticado por intermédio de dispositivos informáticos, é também imprescindível colher o maior número possível de informações e orientar a vítima sobre os principais procedimentos para que as evidências não desapareçam, considerando que essas evidências são muito voláteis, ou seja, desaparecem muito rapidamente[57].

A vítima tem que ser orientada a não deletar as informações que servirão como provas da prática do crime. Por exemplo, uma pessoa foi vítima de extorsão praticada por intermédio do aplicativo de comunicação WhatsApp e apagou as conversas que comprovaram o crime. Com certeza a investigação criminal ficou inviabilizada. O mesmo ocorre quando a vítima apaga evidências que estão armazenadas no seu e-mail, perfil de Facebook, celular, notebook etc.

Um procedimento que tem sido recomendado é que o policial civil ou federal elabore o auto de materialização de evidência eletrônica, cujo modelo consta nesta obra, sendo importante gravar seu conteúdo em um CD ou outra mídia não regravável, principalmente se envolver som e/ou imagem

Conforme apregoa o Código de Processo Penal, sempre que um crime deixar vestígios, é necessário o exame pericial, e, geralmente, essa medida é avaliada pelo delegado de polícia nos primeiros momentos que tomar conhecimento do delito, sendo recomendado sempre o mais absoluto respeito a tal previsão legal.

A vítima precisa também ser orientada sobre a complexidade da investigação, porque muitas vezes fica frustrada com a demora entre o registro do fato delituoso e o eventual esclarecimento do crime ou prisão dos seus autores, sendo recomendável que seja informada sobre isso.

Considera-se importante formalizar a oitiva da vítima o mais próximo possível da data em que os fatos em investigação foram praticados. Isso evita que o decurso do tempo faça com que ela se esqueça de detalhes importantes do momento que o crime foi praticado ou outras informações relevantes para a investigação.

57 Mais informações sobre investigação de crimes cibernéticos podem ser obtidas na obra "Crimes Cibernéticos: ameaças e procedimentos de investigação" elaborado pelo autor em parceria com o delegado Emerson Wendt, também publicado pela Editora Brasport e atualmente em sua segunda edição.

3. Recognição Visuográfica de Local do Crime

De acordo com delegado de polícia Marco Antônio Desgualdo, que desenvolveu a recognição visuográfica do local do crime no Departamento de Homicídios e de Proteção à Pessoa (DHPP) da Polícia Civil do Estado de São Paulo, bem como difundiu a sua utilização por todo o país, a técnica

> é a semente da futura investigação, depois de formalizada, levando-se em consideração o seu dinamismo e praticidade. Traz em seu bojo desde o local, hora, dia do fato e da semana como também condições climáticas então existentes, além de acrescentar subsídios coletados junto às testemunhas e pessoas que tenham ciência dos acontecimentos. Traz ainda à colação minuciosa observação sobre o cadáver, identidade, possíveis hábitos, características comportamentais sustentadas pela vitimologia, além de croqui descritivo, resguardados os preceitos estabelecidos no artigo 6º, I, do Código de Processo Penal. A ideia é a de que tudo isto somado a outros subsídios seja trasladado para o bojo da Recognição de Local de Crime. A peça não possui as limitações de um laudo, portanto o pesquisador carrega para ele muito de sua experiência e militância profissional, e pode ser complementada, na coincidência dos detalhes, pela confissão do criminoso. Após sua elaboração, e para a correta interpretação, aplicam-se os pensamentos indutivos, dedutivos, abdutivos e analógicos, que indicarão, com certeza, o caminho a ser trilhado. A Recognição Visuográfica, portanto, nasce da observação. De um lado ela contém o fato criminoso, no seu espaço e tempo, e de outro resume circunstâncias exteriores que poderiam influenciar a conduta humana no resultado. Em princípio arrebanha recursos junto à estatística e à lei das probabilidades, anexando o perfil psicológico do criminoso para delinear o contexto da verdade real. Consumado em sua definição legal, o delito passa a ser revisto do ponto convergente da conduta até os seus antecedentes próximos e remotos, além das causas que os

motivaram. A conduta em sua primeira fase é imbuída de fortes laivos psicoemocionais[58].

Modelo de Recognição Visuográfica de local de crime de homicídio

[data e hora do fato]

[data e hora da comunicação]

Do Local:

a) INTERNO

( ) residência térrea ( ) sobrado ( ) apartamento
( ) edícula ( ) cômodo isolado ( ) comércio
( ) outro ___________________

QUALIDADE DA RESIDÊNCIA E CONDIÇÕES DE HIGIENE DO LOCAL:

ORDEM DE COLOCAÇÃO DE OBJETOS E MÓVEIS:

ANOTAR OS PRINCIPAIS OBJETOS EXISTENTES NA CENA DO CRIME:

EXISTÊNCIA DE ANIMAIS:

GELADEIRA E DESPENSA (hábitos alimentares):

EXISTÊNCIA DE BIBLIOTECA, LIVROS, REVISTAS (ou outros objetos que possam auxiliar na formação da noção de gostos e hábitos intelectuais):

BANHEIROS E OUTRAS DEPENDÊNCIAS QUE POSSAM CONTER ELEMENTOS DA PERSONALIDADE DA(S) VÍTIMA(S):

---

58 DESGUALDO, Marco Antonio. **Recognição Visuográfica e a Lógica na Investigação Criminal**. 2006.

b) EXTERNO

ACIDENTES GEOGRÁFICOS (rios, lagos, montes, represas, córregos etc.):

ESTRADA:

( ) pavimentada ( ) terra ( ) outro piso

LOGRADOURO ( ) rua ( ) avenida

GUIA E SARJETA ( ) sim ( ) não

ASPECTO GERAL DO LOCAL (tipo de construções existentes nas redondezas):

PERFIL DOS MORADORES DO LOCAL E VIZINHANÇA:

ESTABELECIMENTOS COMERCIAIS NAS PROXIMIDADES DE ONDE SE VERIA A CENA DO CRIME (bares, bilhares, casas de massagens, lupanares etc.):

CROQUI DO LOCAL DO CRIME (desenho sem escala; representar cômodos, portas, janelas, móveis, entradas e saídas, forma dos compartimentos – redondo, retangular, quadrado etc. – anotando todos os detalhes que interessem ao fato):

DA ARMA UTILIZADA: MARCA MODELO CALIBRE

Nº DE CANOS DIMENSÕES ACABAMENTO

CAPACIDADE DE TIROS Nº DE CARTUCHOS DEFLAGRADOS

Nº DE CARTUCHOS RECOLHIDOS NO LOCAL

PROVAVELMENTE PERTENCENTE A
TIPO: ( ) SEMI-AUTOMÁTICA ( ) AUTOMÁTICA

PAÍS DE ORIGEM

POSSUI DOCUMENTOS? ( ) SIM ( ) NÃO

ARMA BRANCA (especificar):

INSTRUMENTO (especificar):

DO(S) CADÁVER(ES)

POSIÇÃO DO ENCONTRO ( ) decúbito dorsal ( ) decúbito ventral
( ) deitado em
( ) em suspensão ( ) parcial (descrever)
( ) total

Com utilização de OUTRA POSIÇÃO (especificar):

SITUAÇÃO DO CADÁVER: ( ) morte recente
( ) decomposição ( ) recente ( ) avançado estado

CHEIROS E ODORES DO LOCAL:

MANCHAS HIPOSTÁTICAS:

HORA PRESUMIDA DA MORTE:

CONDIÇÕES CLIMÁTICAS: ( ) úmido ( ) seco ( ) frio
( ) calor ( ) chuva ( ) temperatura amena

SEGUNDO INFORMES COLHIDOS NO LOCAL, HOUVE ABORDAGEM OU QUALQUER DIÁLOGO ENTRE AUTOS E VÍTIMA?
( ) não ( ) sim – qual?

HOUVE REAÇÃO DA VÍTIMA? ( ) não ( ) sim – qual?

HÁ VÍTIMAS SOBREVIVENTES? (DESTINO)

FORAM OUVIDAS INFORMALMENTE? ( ) não ( ) sim: informações colhidas: (ATENÇÃO – Ao ouvir vítima sobrevivente, procurar extrair informações sobre como agiu o autor, se conhece sua identidade, o que havia de estranho no seu comportamento, qual sua impressão sobre a personalidade do autor, estava ele embriagado ou sóbrio, agiu em legítima defesa ou em reação a fator anterior (vingança) por quê? etc.)

HOUVE SUBTRAÇÃO DE BENS DA VÍTIMA? (descrever)

É POSSÍVEL DETERMINAR-SE EM QUE MOMENTO OCORREU A SUBTRAÇÃO?

VESTÍGIOS GERAIS DE INTERESSE ENCONTRADOS (descrever):

HOUVE PREOCUPAÇÃO EM CAMUFLAR VESTÍGIOS? COMO?

SEGUNDO O APURADO INICIALMENTE, TRACE EM LINHAS GERAIS A PERSONALIDADE E OS HÁBITOS DA(S) VÍTIMA(S): (considere comentários de amigos, colegas de trabalho, colegas de bar, vizinhos e familiares, procurando estabelecer especialmente sua índole, como filho, pai, marido, patrão, subordinado etc.)

DAS TESTEMUNHAS ABORDADAS E ARROLADAS (tecer comentários sobre o apurado, especialmente que tragam interesse à investigação. Não descarte qualquer informação, por mais absurda que pareça no primeiro momento):

IMPRESSÃO PESSOAL DO INVESTIGADOR/PESQUISADOR:

DETERMINAÇÕES DA AUTORIDADE POLICIAL QUE CHEFIOU A EQUIPE:

EQUIPE:

Delegado de Polícia:

Investigador de Polícia:

JUNTE-SE AO BOLETIM DE OCORRRÊNCIA Nº

VÍTIMA(S)

AUTORE(S)

[nome do Delegado de Polícia signatário]
DELEGADO DE POLÍCIA

4. Elementos Disponíveis Utilizados na Prevenção e no Enfrentamento da Corrupção

A tecnologia é um importante instrumento para a prevenção e enfrentamento da corrupção, sendo necessário o aprimoramento das ferramentas destinadas a acompanhar, em tempo real, como os recursos públicos são utilizados e também o que está sendo feito para a preservação da probidade na administração pública.

Nas próximas páginas serão apresentados alguns sites que podem auxiliar a atuação da polícia e também dos cidadãos interessados em acompanhar, de modo proativo, a gestão pública.

Transparência Brasil

Endereço: <https://www.transparencia.org.br>

De acordo com o site, um dos principais objetivos da Transparência Brasil é oferecer ferramentas de monitoramento de instituições públicas para a sociedade. Para tanto, a entidade criou ao longo dos anos uma série de projetos que disponibilizam informações na Internet.

O referido site apresenta os seguintes projetos:

> **Tá De Pé.** Fiscalize e ajude a pressionar pela entrega de escolas e creches financiadas pelo Governo Federal.
>
> **Achados e Pedidos.** Encontre uma informação pública no nosso repositório de pedidos da Lei de Acesso à Informação.
>
> **Obra Transparente.** Monitoramento de licitações, contratos e obras de escolas em parceria com 22 Observatórios Sociais.
>
> **Projeto Meritíssimos.** Confira indicadores de desempenho de ministros do Supremo Tribunal Federal entre 1997 e 2015.

Projeto Às Claras. Confira o financiamento eleitoral recebido por cada candidato entre 2002 e 2012.[59]

O projeto **Excelências** está em fase de captação de recursos.

Figura 3 - Página inicial da Transparência Brasil

Relatórios da Controladoria Geral da União (CGU)

Endereço: <https://auditoria.cgu.gov.br/>

De acordo com informações da CGU, a Pesquisa de Relatórios tem o objetivo de aumentar a transparência e reunir em um único espaço todos os trabalhos de Controle Interno do Ministério da Transparência, Fiscalização e Controladoria-Geral da União (CGU).

São relatórios de fiscalização em estados e municípios, auditorias anuais de contas, avaliações de programas, entre outros. Na busca, há, ainda, a possibilidade de baixar mais de um relatório pela opção "Baixar selecionados".

59 Disponível em: <https://www.transparencia.org.br/projetos>. Acesso em: 10 maio 2018.

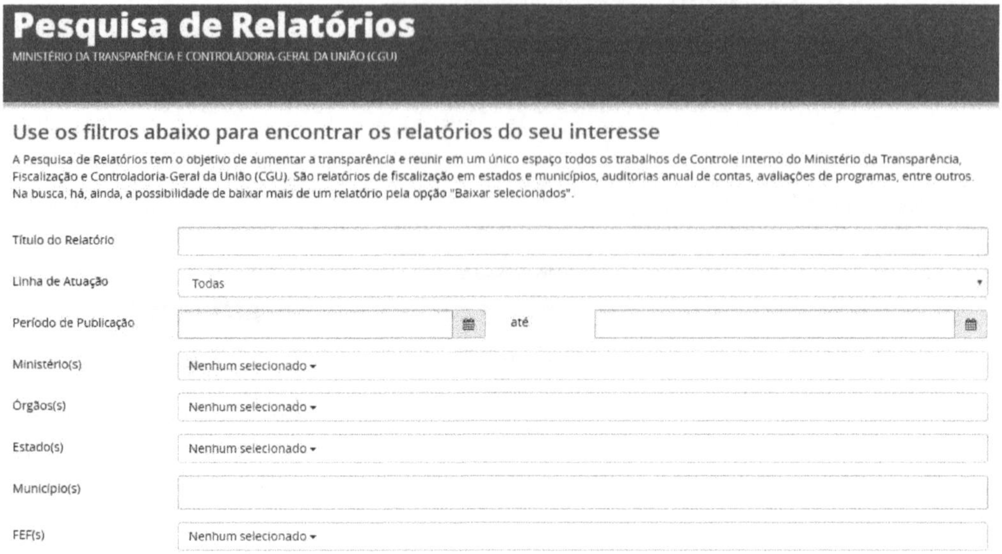

Figura 4 – Relatórios da Controladoria Geral da União

Quebra-Câmara-Quebra-Senado

Endereço: <http://quebraquebra.lsd.ufcg.edu.br/>

De acordo com o site do projeto, este surgiu como "uma ideia e provocação do economista Gil Castelo Branco, fundador e secretário-geral da Associação Contas Abertas e também membro da equipe do projeto, durante o Hackfest contra a Corrupção 2017: Tecnologia, Transparência e Cidadania".

Essa ferramenta facilitou o acesso aos dados sobre a folha de pagamento da Câmara de Deputados e do Senado.

Figura 5 - Página inicial do QuebraQuebra

Eu Fiscal

Endereço: <http://eufiscal.org>

O site oferece diversas opções de informações para acompanhar a atuação de políticos, como, por exemplo: Radar dos Candidatos (consulta a eventuais ações judiciais propostas contra candidatos a prefeito e a vereador, além dos ocupantes de cargos públicos), Quem me Representa (baseado em temas enfrentados pelos deputados federais, permite identificar quais deles pensam como você), Enquadrados (mostra ao cidadão o perfil dos funcionários da Câmara Municipal da sua cidade, a relação de funcionários por metros quadrado do prédio, os funcionários que são efetivos, eletivos ou comissionados), Quebraquebra (oferece uma análise dos salários recebidos por senadores, deputados federais e servidores), Minha Cidade (informações sobre como a gestão municipal investe nas áreas essenciais como saúde, educação, segurança e outras). Além disso, apresenta também as ferramentas: Desempenho da Educação, Vidinha de Balada, Folha Limpa, Caça-Fantasmas, B.O. Bot, Sou Fiscal, Geração Limpa, PaCiente etc.

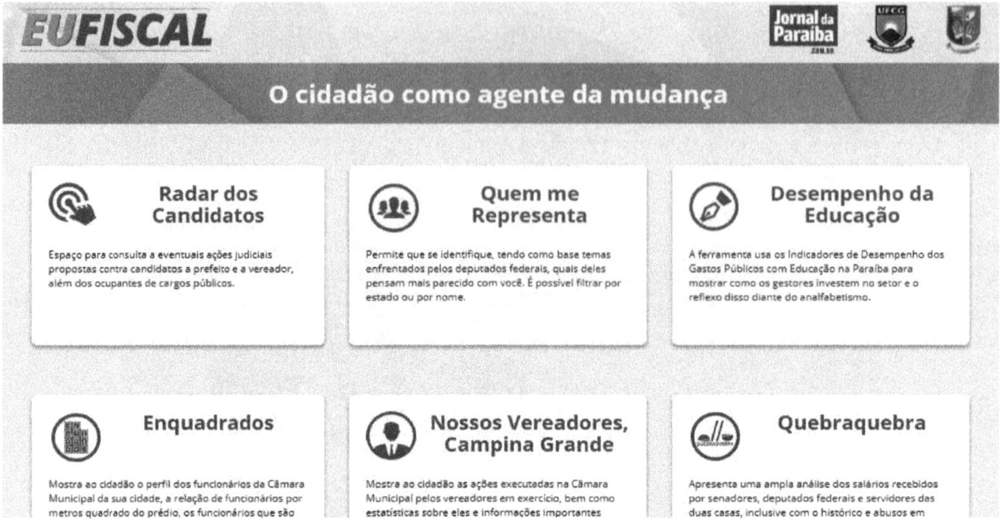

Figura 6 – Página inicial do site Eu Fiscal

Quem me representa

Endereço: <http://qmrepresenta.com.br>

A plataforma permite realizar o cruzamento dos "votos de deputados federais com a posição do cidadão sobre certos temas e mostrar o quão próximos ou distantes estão um do outro. Não estão na plataforma todos os temas votados na Casa, mas sim aqueles que mais caracterizam os partidos e suas ideologias. "'Quem me representa' disponibiliza, de certa forma, informações do legislativo quando identifica como cada deputado votou em determinadas temáticas, permitindo ao cidadão apropriar-se daquelas informações para construir um voto mais consciente"[60].

[60] WIKIVERSIDADE. **Análise sobre os dados disponibilizados pelo Legislativo a partir da comparação de plataformas e aplicativos: Quem Me Representa; Adote Um Vereador; Infoleg; Meu Deputado; e Carteirada do Bem.** Disponível em: <https://pt.wikiversity.org/wiki/An%C3%A1lise_sobre_os_dados_disponibilizados_pelo_Legislativo_a_partir_da_compara%C3%A7%C3%A3o_de_plataformas_e_aplicativos:_Quem_Me_Representa;_Adote_Um_Vereador;_Infoleg;_Meu_Deputado;_e_Carteirada_do_Bem>. Acesso em: 10 maio 2018.

Figura 7 - Quem me representa

Tribunal de Contas

Os Tribunais de Contas dos Estados são órgãos públicos, cujas atribuições são fiscalização contábil, financeira, orçamentária, operacional e patrimonial dos respectivos estados. Eles desempenham o papel de órgão auxiliar de controle externo perante o Poder Legislativo.

A seguir consta a página de pesquisa oferecida pelo site, que permite acompanhar as publicações dos despachos e decisões proferidos nos processos que tramitam no Tribunal de Contas.

Figura 8 – Pesquisa de processos que tramitam no Tribunal de Contas do Estado de São Paulo

Endereços dos Tribunais de Contas da União e dos Estados[61]

Tribunal de Contas da União	<www.tcu.gov.br>
Tribunal de Contas do Acre	<www.tce.ac.gov.br>
Tribunal de Contas de Alagoas	<www.tce.al.gov.br>
Tribunal de Contas do Amazonas	<www.tce.am.gov.br>
Tribunal de Contas do Amapá	<www.tce.ap.gov.br>
Tribunal de Contas dos Municípios da Bahia	<www.tcm.ba.gov.br>
Tribunal de Contas da Bahia	<www.tce.ba.gov.br>
Tribunal de Contas dos Municípios do Ceará	<www.tcm.ce.gov.br>
Tribunal de Contas do Ceará	<www.tce.ce.gov.br>
Tribunal de Contas do Distrito Federal	<www.tc.df.gov.br>
Tribunal de Contas do Espírito Santo	<www.tce.es.gov.br>
Tribunal de Contas dos Municípios de Goiás	<www.tcm.go.gov.br>

61 Portal do MEC. Disponível em: <http://portal.mec.gov.br/seb/arquivos/pdf/Fundebef/trib-contas.pdf>. Acesso em: 10 maio 2018.

Tribunal de Contas de Goiás	<www.tce.go.gov.br>
Tribunal de Contas do Maranhão	<www.tce.ma.gov.br>
Tribunal de Contas de Minas Gerais	<www.tce.mg.gov.br>
Tribunal de Contas do Mato Grosso do Sul	<www.tce.ms.gov.br>
Tribunal de Contas do Mato Grosso	<www.tce.mt.gov.br>
Tribunal de Contas dos Municípios do Pará	<www.tcm.pa.gov.br>
Tribunal de Contas do Pará	<www.tce.pa.gov.br>
Tribunal de Contas da Paraíba	<www.tce.pb.gov.br>
Tribunal de Contas de Pernambuco	<www.tce.pe.gov.br>
Tribunal de Contas do Piauí	<www.tce.pi.gov.br>
Tribunal de Contas do Paraná	<www.tce.pr.gov.br>
Tribunal de Contas do Rio de Janeiro	<www.tce.rj.gov.br>
Tribunal de Contas do Município do Rio de Janeiro	<www.tcm.rj.gov.br>
Tribunal de Contas do Rio Grande do Norte	<www.tce.rn.gov.br>
Tribunal de Contas de Rondônia	<www.tce.ro.gov.br>
Tribunal de Contas de Roraima	<https://www.tce.rr.leg.br/portal/>
Tribunal de Contas do Rio Grande do Sul	<www.tce.rs.gov.br>
Tribunal de Contas de Santa Catarina	<www.tce.sc.gov.br>
Tribunal de Contas de Sergipe	<www.tce.se.gov.br>
Tribunal de Contas de São Paulo	<www.tce.sp.gov.br>
Tribunal de Contas do Município de São Paulo	<www.tcm.sp.gov.br>
Tribunal de Contas do Tocantins	<www.tce.to.gov.br>

Consulta do Bolsa Família

Endereço:
<https://www.beneficiossociais.caixa.gov.br/consulta/beneficio/04.01.00-00_00.asp>

Permite a pesquisa sobre beneficiários do programa Bolsa Família, filtrando os resultados por estado, município ou família.

Figura 9 – Site para ter acesso aos beneficiários do Bolsa Família

5. Utilização de Aeronaves Remotamente Pilotadas (Drones) e Segurança Pública

Uma das características do século XXI é a rapidez com que os avanços tecnológicos são incorporados ao dia a dia das pessoas. Nesse cenário, os órgãos que possuem a atribuição constitucional de preservar a segurança pública precisam acompanhar os novos paradigmas e utilizá-los para tornar mais eficaz o enfrentamento ao crime.

Portanto, de acordo com esse contexto, as aeronaves remotamente pilotadas (RPAS), também conhecidas como drones, são recursos tecnológicos que podem auxiliar a atuação dos referidos órgãos e também de outros órgãos do governo.

Drone é um termo popular, oriundo dos Estados Unidos, e utilizado para tratar genericamente qualquer veículo aéreo não tripulado, controlado remotamente, independentemente dos seus fins.

O Departamento de Controle do Espaço Aéreo (DECEA) diferencia alguns termos frequentemente confundidos na definição desses equipamentos. De acordo com o DECEA,

> VANT, Veículo Aéreo Não Tripulado (tradução do termo UAV – *Unmanned Aerial Vehicle*), é o termo utilizado para se referir a todo e qualquer equipamento que acesse o espaço aéreo em que não há a presença de um ser humano a bordo. O termo VANT é considerado obsoleto pela Organização da Aviação Civil Internacional (OACI) como podemos observar na documentação Doc 10019, Manual On RPAS, da OACI.
>
> RPAS (*Remotely Piloted Aircraft System*) é o termo técnico e padronizado internacionalmente pela OACI para se referir aos sistemas de aeronaves remotamente pilotadas utilizadas com propósitos não recreativos.
>
> Drone é o termo utilizado de forma coloquial e popular para se referir aos equipamentos remotamente pilotados. Drone, cuja tradução significa

> "zangão", foi oriundo do tipo de trabalho que esses equipamentos costumam produzir, que lembra o som emitido por um zangão em voo[62].

Na atual conjuntura, é possível vislumbrar aeronaves remotamente pilotadas sendo utilizadas por órgãos de segurança pública, fiscalização tributária e aduaneira, combate a vetores de transmissão de doenças, dentre outros órgãos do governo; contudo, cabe esclarecer que os órgãos supra referidos não possuem a obrigação de adotar as regras de distanciamento de áreas densamente povoadas de terceiros, estabelecidas pela Agência Nacional de Aviação Civil (ANAC). Por outro lado, devem obedecer às regras de utilização do espaço aéreo estabelecidas pelo DECEA, sendo que a utilização dar-se-á sob responsabilidade do órgão e do operador, considerando a necessidade de promover a avaliação do risco operacional antes de realizar qualquer missão com o emprego de aeronaves remotamente pilotadas.

Uma das vantagens de os órgãos da segurança pública utilizarem aeronaves remotamente pilotadas é a credibilidade das informações obtidas por instrumentos de última geração e, adicionalmente, a constatação de que os agentes não correm riscos, pois realizam a observação a uma distância segura de possíveis agressores.

As aeronaves remotamente pilotadas podem ser dotadas de câmeras de grande resolução, que permitem obter fotos e vídeos de alta qualidade, a uma distância considerável, sem que os alvos as visualizem.

As imagens obtidas podem ser imprescindíveis para a responsabilização de criminosos, como ocorre quando imagens obtidas por aeronaves remotamente pilotadas permitem identificar degradação ambiental, cultivo de matéria-prima para preparação de drogas, dentre outros crimes.

Nesses casos, a utilização de aeronaves remotamente pilotadas, juntamente com dados oriundos de satélites, torna os resultados ainda mais interessantes para a segurança pública.

No âmbito da administração penitenciária, foram reportados casos de aeronaves remotamente pilotadas utilizadas para levar celulares, cartas e drogas para presos. No entanto, em diversos estados, a mesma espécie de recurso tecnológico tem sido utilizada para auxiliar os agentes penitenciários, como ocorre no estado de São Paulo, onde aeronaves remotamente pilotadas são utilizadas para

---

62 DCEA. **Tenha uma operação segura com seu drone/RPAS.** Departamento de Controle do Espaço Aéreo. Disponível em: <https://www.decea.gov.br/drone/>. Acesso em: 10 maio 2018.

"evitar fugas de presos e interceptar encomendas lançadas para os detentos", conforme notícia publicada no site de notícias A Cidade On Campinas[63].

Ainda de acordo com a matéria, os equipamentos foram adquiridos com a finalidade de serem usados "em circunstâncias pontuais ou emergenciais, como evasão de presos, varredura nos telhados ou verificação de veículos suspeitos rondando os presídios".

Sob essa perspectiva, serão apresentadas, nas próximas linhas, outras aplicações desses recursos tecnológicos no âmbito do enfrentamento da criminalidade.

Polícia Civil

A Polícia Civil pode ter o auxílio de aeronaves remotamente pilotadas em diversas situações. Tem sido comum a aquisição desse tipo de equipamento para incrementar a atuação em campo, a investigação criminal e outras atividades de polícia judiciária.

Por exemplo, a investigação de criminosos que comercializam drogas pode ser mais eficaz caso conte com o auxílio de uma aeronave remotamente pilotada, como pode-se observar na matéria infra apresentada:

> A utilização do equipamento faz parte da Operação COA (Conhecer, Operar e Aproximar) que visa também a distribuição de panfletos do Disque Denúncia da Secretaria da Segurança Pública e verificação de locais denunciados como pontos de vendas de entorpecentes.
>
> Sete equipes, com aproximadamente 30 policiais, fazem o levantamento os nomes das ruas, travessas, numeração das casas, registrando os estabelecimentos comerciais e conversando com os moradores. "Estamos dando um grande passo. Trabalhamos com cumprimentos de mandados de prisão e de busca e apreensão e Salvador é uma cidade que cresce desordenadamente. Muitas vezes perdemos tempo rodando procurando um determinado alvo", explicou o coordenador da COE, André Viana.
>
> O delegado acrescentou que a Operação COA é realizada semanalmente em regiões com presença de organizações criminosas que atuam vendendo drogas e praticando outras modalidades ilícitas. "Com as imagens aé-

---

63 SAP usará drones para vigiar presídios na região. **A Cidade On Campinas**, 18 jul. 2017. Disponível em: <https://www.acidadeon.com/campinas/cotidiano/NOT,1,1,1261130,SAP+usara+drones+para+vigiar+presidios+na+regiao.aspx>. Acesso em: 10 maio 2018.

> reas passamos a conhecer, com outra perspectiva, os imóveis usados pelos traficantes, as possíveis rotas de fuga, como posicionar as viaturas durante as operações, entre outros importantes detalhes", concluiu Viana[64].

As aeronaves remotamente pilotadas podem ser utilizadas nas seguintes hipóteses:

- Perseguição ou acompanhamento de criminosos.
- Análise prévia do local onde serão cumpridos mandados de busca e apreensão ou onde será realizada outra atividade operacional, permitindo a observação dos pontos onde pode ser feito o ingresso dos policiais no ambiente, da existência de eventuais moradores, das áreas mais vulneráveis para os policiais e para os alvos e também dos principais pontos de fuga, assim como a existência de determinadas barreiras que podem dificultar a atuação em campo dos policiais.
- Observação de locais inacessíveis ou exacerbadamente arriscados para os policiais.
- Identificação de autores de crimes, seus veículos e outras informações importantes para a elucidação de delitos.
- Identificação de autores de crimes de danos contra o patrimônio público e outras modalidades de vandalismo, principalmente em locais em que exista uma grande quantidade de pessoas.
- Levantamento de local visando apuração de informações anônimas sobre crimes, como, por exemplo, residência utilizada para esconder vítima de sequestro, como ocorrido recentemente em atuação em campo da Polícia Civil do Estado de São Paulo[65], pontos de tráfico de drogas, depósitos de armas, galpões com produtos contrabandeados e ambientes onde ocorrem os mais variados tipos de crimes.

Polícia Federal

A Polícia Federal também pode fazer uso desses recursos, principalmente para auxiliar a sua atuação em campo decorrente da investigação criminal e nas divisas e portos do Brasil.

---

64 POLÍCIA Civil faz mapeamentos aéreos de localidades da capital utilizando drone. **É Bahia News**, 07 ago. 2017. Disponível em: <http://www.ebahianews.com.br/2017/08/policia-civil-faz-mapeamentos-aereos-de.html>. Acesso em: 10 maio 2018.

65 POLÍCIA usa drone para prender suspeitos de sequestrar empresário. **Istoé**, 23 nov. 2016. Disponível em: <https://istoe.com.br/policia-usa-drone-para-prender-suspeitos-de-sequestrar-empresario/>. Acesso em: 13 jun. 2018.

A instituição adquiriu aeronaves remotamente pilotadas há alguns anos para realização de operações de inteligência. Entretanto, recentemente, a imprensa noticiou que referidos equipamentos passariam a ser utilizados também como ferramenta operacional e de investigação, com abrangência em todo o território brasileiro.

São exemplos de utilização de aeronaves remotamente pilotadas pela Polícia Federal:

- Auxílio na atuação em campo e outras atividades operacionais.
- Observação em áreas sensíveis, principalmente locais com grandes quantidades de pessoas, como ocorre em grandes eventos.
- Monitoramento em áreas de fronteira e também na Amazônia Legal, bem como utilização nas estratégias para prevenir e reprimir tráfico de drogas, contrabando, descaminho, dentre outros crimes de interesse da instituição.
- Auxílio nas funções de polícia marítima, aeroportuária e de fronteiras.
- Monitoramento de degradação ambiental[66].
- Segurança de dignitários.

Polícia Militar

A Polícia Militar, que possui as atribuições de polícia ostensiva e preservação da ordem pública, também possui diversas alternativas para utilização de aeronaves remotamente pilotadas.

No Estado de São Paulo, foi publicada a Lei nº 16.380, de 31 de janeiro de 2017, que permite a utilização de drones para monitoramento e auxílio na fiscalização da polícia ambiental[67].

No Rio de Janeiro, neste mesmo ano, foi criado o Núcleo de Aeronaves Remotamente Pilotadas (NuARP) da Polícia Militar, sendo vinculado ao Grupamento Aeromóvel (GAM). Conforme noticiado pela imprensa, a primeira ação coordenada pelo núcleo ocorreu no Rock in Rio.

---

[66] DRONE ajudará PF em Santarém a combater crimes ambientais na região. **G1**, 22 set. 2017. Disponível em: <https://g1.globo.com/pa/santarem-regiao/noticia/drone-ajudara-pf-em-santarem-a-combater-crimes-ambientais-na-regiao.ghtml>. Acesso em: 10 maio 2018.

[67] SÃO PAULO. Lei nº 16.380/17. Dispõe sobre a utilização de "drones" para fiscalização da Polícia Ambiental no Estado. Disponível em: <http://www.al.sp.gov.br/repositorio/legislacao/lei/2017/lei-16380-31.01.2017.html>. Acesso em: 10 maio 2018.

> Os primeiros estudos técnicos foram realizados no Rock in Rio, onde foi realizado o monitoramento por drone dos principais acessos e o mapeamento e geoprocessamento em 3D de toda área do evento, para melhor posicionamento do policiamento. O equipamento utilizado foi o Inspire 2 da fabricante chinesa DJI, com uma câmera X4S.
>
> As imagens que o drone captava eram transmitidas ao Centro Integrado de Comando e Controle Móvel (CICCM), onde policiais podiam acompanhar ao vivo as imagens do evento. Foi utilizado o software Drone Deploy para o tratamento das imagens.
>
> Oficiais do GAM estão se aperfeiçoando e desenvolvendo pesquisas no ITA (Instituto Tecnológico da Aeronáutica) há aproximadamente 1 ano e seus Trabalhos de Conclusão de Curso são sobre RPAS (*Romotely Piloted Aircraft System*)[68].

Outras possibilidades de emprego de aeronaves remotamente pilotadas:

- Perseguição de autores de crimes, durante ou após a sua prática.
- Fornecimento de informações para atendimento de emergência.
- Direcionamento de viaturas em locais com trânsito intenso, bem como auxílio para o responsável pela gestão de viaturas solicitadas pelo telefone 190.
- Colaboração com os policiais em locais em que haja grande troca de tiros, visando identificar os pontos em que os atiradores se encontram, como ocorre em algumas comunidades em que criminosos com armas de grosso calibre impedem o ingresso dos policiais no local.
- Monitoramento em áreas de tumulto ou de grande acúmulo de pessoas, como shows, atividades esportivas ou manifestações populares.
- Realização de patrulhamento aéreo preventivo, de forma ostensiva, para aumentar a sensação de segurança da população e apoiar ações de policiais militares que estejam atuando em solo.

---

68 BENI, Eduardo. PM do RJ cria Núcleo de Aeronaves Remotamente Pilotadas sob a coordenação do GAM e utiliza drone no Rock in Rio. **Drone Policial**, 25 set. 2017. Disponível em: <https://www.pilotopolicial.com.br/pm-do-rj-cria-nucleo-de-aeronaves-remotamente-pilotadas-sob-a-coordenacao-do-gam-e-utiliza-drone-no-rock-in-rio/>. Acesso em: 10 maio 2018.

Corpo de Bombeiros

O Corpo de Bombeiros realiza diversas funções que podem ter melhores resultados se contarem com o auxílio de aeronaves remotamente pilotadas.

Dentre as funções é pertinente destacar:

- Combate a incêndio.
- Resgate e salvamento de pessoas, na água ou em outros locais.
- Corte de árvores onde exista risco de queda.
- Primeiros atendimentos em locais de acidentes.
- Captura de animais perigosos.
- Atendimento em locais perigosos onde ocorreu acidente elétrico ou de outra fonte de energia ou material.

Polícia Técnico-Científica

A Polícia Técnico-Científica, que é um órgão auxiliar no âmbito da polícia judiciária e do sistema judiciário, realiza as perícias criminalísticas e médico-legais. No seu campo de atuação, as aeronaves podem colaborar, principalmente, com a realização de perícia em locais com dificuldades de acesso, incêndios, crimes de trânsito e desastres ambientais, permitindo obter uma visão mais ampla sobre os lugares de interesse do perito[69].

Administração Penitenciária

A Administração Penitenciária tem utilizado aeronaves remotamente pilotadas para observar a movimentação nas proximidades dos presídios, evitar resgates ou fugas de presos e preservar a segurança de seus agentes.

---

69 VARGAS, Bruna. Peritos gaúchos estudam utilização de drone em investigações. **Gauchazh**, 18 nov. 2014. Disponível em: <https://gauchazh.clicrbs.com.br/geral/noticia/2014/11/Peritos-gauchos-estudam-utilizacao-de-drone-em-investigacoes-4645282.html>. Acesso em: 18 jun. 2018.

Outros órgãos

As aeronaves remotamente pilotadas também podem auxiliar de forma efetiva a atuação da Polícia Rodoviária Federal no patrulhamento das rodovias federais, bem como no acompanhamento de veículos ou pessoas relacionadas com crimes. Outros órgãos, como a Polícia Ferroviária Federal, a Receita Federal, o Ibama, a Funai e as Forças Armadas, no âmbito de suas atribuições, podem empregar aeronaves remotamente pilotadas.

Conclusão

Por fim, considera-se imperioso compreender os efeitos nocivos de combater a criminalidade de forma estática, anacrônica, pois, em contrapartida a essa postura, a criminalidade tem se reinventado a cada dia, sendo comum nos últimos tempos a prática de crimes com o auxílio de recursos tecnológicos.

É cogente que os órgãos de segurança pública disseminem, em todos os seus segmentos, os benefícios de utilizar recursos tecnológicos no enfrentamento da criminalidade, sendo que a utilização de aeronaves remotamente pilotadas possui o condão de tornar mais efetiva a atuação desses órgãos.

6. Equipamentos Eletrônicos para a Realização de Atividades de Investigação ou Produção de Conhecimentos

Quando se vislumbra a realidade da investigação criminal no Brasil, é possível sustentar que cada localidade adota seus procedimentos, sendo que, em muitos locais, além da escassez de policiais, há também a carência de recursos tecnológicos necessários para auxiliar nas atividades dos policiais.

Considerando esses pressupostos, foram pesquisados diversos equipamentos de baixo custo, grande parte deles vendidos em sites como o Ebay, AliExpress etc.

Equipamentos que capturam vídeos e fotos

Cartão de identificação – A105	A utilização de um cartão de identificação pode auxiliar na realização de imagens com estória-cobertura. Nesses casos, o policial atua disfarçado para a obtenção de informações interessantes para a investigação criminal.
Pen drive – A75	Um pen drive que filma, tira fotos e pode ser configurado para gravar de forma automática por intermédio de sensor de movimento é muito interessante para a atuação do policial.
Caneta – A2	A caneta que filma e tira fotos é uma ferramenta tradicional para a obtenção de informações.
Rádio-relógio – A73	Rádio-relógio que funciona normalmente, mas também obtém imagens do alvo, sendo que as imagens podem ser captadas inclusive por intermédio de comando no controle remoto.
Microcâmera – A40	Uma microcâmera sempre é um bom instrumento para a obtenção de imagens de interesse durante uma investigação criminal ou uma coleta de informações para órgãos de inteligência.
Óculos – A27	Um óculos comum, contendo em seu interior, de forma velada, dispositivo para filmar e fotografar, é recomendável para coleta de imagens com discrição pelo policial ou agente de inteligência.
Boné espião	O boné com microcâmera, que filma e fotografa, é muito utilizado para a obtenção de imagens com extrema discrição.
Quadro espião	O porta-retratos permite fotografar e filmar alvos com discrição.
Detector de fumaça – A11	Detector de fumaça que fotografa e filma, sendo acionado por intermédio de controle remoto.
Botão espião com visão noturna	Semelhante ao botão convencional, encontrado em camisas, este aqui é dotado de dispositivo para obtenção de fotos, vídeos e visão noturna.

Relógio de pulso	O relógio possui vários modelos e pode ser utilizado para filmar e gravar, sendo que o seu principal atributo é a discrição.
Relógio de parede – Z7	Relógio de parede contendo a função de obter imagens, sendo que elas podem ser transmitidas via *wi-fi* e acessadas pelo celular.
Tomada de parede	Tomada de parede contendo a função de obter imagens, sendo que elas podem ser transmitidas via *wi-fi* e acessadas pelo celular.
Câmera térmica Flir C2	Também chamada de câmera infravermelho, é um dispositivo optoeletrônico que capta radiações infravermelhas do espectro eletromagnético e as converte para a faixa visível do espectro. A Câmera Térmica Flir C2 pode ser utilizada com facilidade e possui grande portabilidade em razão do seu tamanho e design.
Mouse GSM	O mouse parece comum, mas possui um espaço para inserção de *chip* GSM e permite ouvir a distância tudo que é falado no ambiente. Os áudios são enviados via GSM para o celular do policial. Além disso, é possível obter informações aproximadas sobre a geolocalização do alvo.
Óculos de visão noturna	Existem várias soluções tecnológicas que permitem a obtenção de imagens noturnas, sendo a mais conhecida baseada na recepção de imagens em cenas monocromáticas e os segmentos mais claros geralmente apresentam-se esverdeados. A referida técnica se denomina "otimização de imagem". Outra técnica se baseia na geração de imagens térmicas, ou seja, ocorre um processo de ampliação sensorial com fulcro na captura do calor emitido por objetos. Um exemplo de equipamento com essa finalidade é o Monóculo Flir Térmico Scout[70]. O equipamento possui visão térmica para visualizações no exterior de noite e de dia. O referido equipamento detecta calor e ajuda a observar indivíduos e objetos a uma distância superior a 100 metros.
Reversor de olho mágico para portas	Trata-se de uma lente reversora que, ao ser inserida em um olho mágico, permite observar o interior do ambiente.
Antena parabólica direcional amplificadora de som	O equipamento utiliza uma tecnologia de antena parabólica que permite ouvir/gravar conversas entre alvos a uma distância que os alvos não saibam que estão sendo observados/ouvidos. Apenas as ondas acústicas direcionadas são capturadas, empacotadas e concentradas no microfone.
Saco com blindagem estática (gaiola de Faraday)	O equipamento permite evitar qualquer comunicação do dispositivo em seu interior (exemplos: celular, notebook, tablet etc.) com o meio externo. A utilização do saco impede a utilização de tecnologia 3G, *wi-fi*, *Bluetooth*, RFID etc.
Boroscópio	É um instrumento eletrônico óptico que possui hastes flexíveis (semelhante a uma mangueira de menor calibre) e é capaz de filmar/gravar imagens em locais de difícil acesso. Muito utilizado durante o cumprimento de mandados de busca e apreensão, quando pode ser inserido por baixo da porta ou outros locais da parte externa da residência e permite observar o que ocorre no interior do local. Caso esteja escuro, é possível acender os LEDs do equipamento para observar o ambiente. O boroscópio também pode ser usado em conjunto com analisadores de espectro visando realizar varredura de transmissores ou outros equipamentos em locais utilizados para tratar de assuntos sensíveis, como, por exemplo, unidades de inteligência ou outros locais que realizem reuniões estratégicas.

70 FLIR. **The NEW Scout TK**. Disponível em: <http://www.flir.com.br/scouttk/>. Acesso em: 18 jun. 2018.

Equipamentos que rastreiam o alvo

Existem equipamentos que permitem obter a geolocalização do alvo, isto é, localizar onde o alvo se encontra. Contudo, alguns equipamentos possuem maior precisão que outros. Além disso, certos equipamentos, além de rastrear o alvo, também realizam a escuta ambiental, transmitindo, via GSM, as conversas que são mantidas nas suas proximidades.

Rastreio e escuta ambiental	
X009	O equipamento permite a geolocalização do alvo e realiza também a escuta ambiental das suas proximidades.
TK-102-b	Também oferece a opção de rastreio do alvo e escuta ambiental.
ZH092001B2	Permite obter a geolocalização do alvo.
ZH089001	Permite obter a geolocalização do alvo.

Softwares e equipamentos de análise em dispositivos tecnológicos

IBM i2 Analyze

Software criado com a finalidade de auxiliar na investigação criminal e também em outros ramos do governo, permite visualizar e analisar informações de diversas fontes.

A ferramenta permite que seja criado um diagrama de relacionamento de entidade capaz de extrair, de informações cruas, determinados relacionamentos que não seriam visíveis manualmente. Além disso, aceita informações.

De acordo com a IBM, empresa que comercializa o software:

> O IBM i2 Analyze é um ambiente de análise de inteligência corporativa que permite o compartilhamento de informações e a produção de inteligência com a flexibilidade de clientes baseados na web e de desktop personalizado. Ele facilita a análise de grandes volumes de dados por meio de um ambiente extensível, orientado a serviço, desenvolvido para integrar-se em sua infraestrutura corporativa existente[71].

[71] IBM i2 Analyze. Disponível em: <https://www.ibm.com/br-pt/marketplace/enterprise-intelligence-analysis#product-header-top>. Acesso em: 18 jun. 2018.

Internet Evidence Finder[72]

O Internet Evidence Finder é um programa de forense computacional que tem a finalidade de recuperar evidências em discos rígidos, memória RAM ou arquivos específicos.

Dentre as possibilidades desta ferramenta, que possui uma interface muito acessível, pode-se destacar que recupera informações relacionadas com a internet, como, por exemplo: correio eletrônico, informações armazenadas em navegadores da internet, aplicativos de compartilhamento de arquivos – P2P (eMule, Ares, Limerunner/Luckywire, Limewire, Shareaza Search Keywords etc.), além de permitir pesquisa em unidades lógicas e físicas inteiras, em espaços não alocados, em arquivos selecionados, em pastas e subpastas etc.

O software também permite recuperar *backup* de arquivos de celulares, mídias, conversas em aplicativos de comunicação, aplicativos de e-mail, redes sociais, nuvem (Dropbox, Google Drive, Google Docs etc.), Xbox 360, dentre outras funcionalidades.

EnCase[73]

O EnCase é um sistema integrado de forense computacional da empresa Guidance Software, utilizado pelas principais polícias do mundo. A ferramenta cria imagens de disco rígido, CD-ROM, pen drive etc., de interesse da investigação. Depois da criação das imagens realiza-se a análise do seu conteúdo. Importante esclarecer que a análise não será realizada na mídia original ou no disco espelhado, e sim nos discos virtuais protegidos contra escritas.

Por intermédio do sistema, permite-se realizar uma análise detalhada dos arquivos do usuário para coletar evidências, como, por exemplo: imagens, histórico de utilização de navegadores de internet, informações sobre registro do Windows, documentos etc.

Importante salientar que, durante a investigação de um crime que tenha relação com determinados dispositivos tecnológicos, o policial pode se defrontar com dados criptografados, e o EnCase possui condições de promover a descriptografia de arquivos oriundos de inúmeros aplicativos, como, por exemplo, Dell *Data*

---

72 Informações extraídas do site: <https://www.magnetforensics.com/computer-forensics/internet-evidence-finder-triage-edition/>. Acesso em: 14 jun. 2018.

73 Informações extraídas do site: <https://www.guidancesoftware.com/products-services?cmpid=nav_r>. Acesso em: 14 jun. 2018.

Protection, Symantec e McAfee. Existe também o *Tableau Password Recovery*, que é uma solução de hardware que potencializa ainda mais o EnCase para identificar e desbloquear arquivos de interesse da investigação que possuam senha.

O EnCase *Mobile Investigator* permite a aquisição de dados de dispositivos móveis abrangendo os mais variados dispositivos, como, por exemplo, tablets, celulares, *smartwatches*, drones e GPSs de diversos sistemas operacionais (iOS, Android, Blackberry etc.).

A ferramenta apresenta informações sobre registro de ligações, imagens, informações armazenadas na nuvem pelo dispositivo, histórico de navegação na internet, mensagens de texto, e-mails, dados de aplicativos, dados excluídos etc., sendo garantida a integridade das evidências coletadas.

O EnCase *Mobile Investigator* capacita os instigadores a encontrar, extrair e analisar dados em arquivos gráficos, como, por exemplo, em imagens e PDFs, usando o *Optical Character Recognition* (OCR), por intermédio de pesquisa por palavras-chave.

Outro aspecto importante diz respeito à coleta de informações armazenadas em aplicativos de redes sociais armazenados no celular ou em dados na nuvem, vinculados ao referido dispositivo.

Outra possibilidade interessante diz respeito à perícia em drones, sendo possível obter informações sobre eventuais trajetos que tenha feito, além de recuperar imagens que se encontram armazenadas no dispositivo.

Além do EnCase *Forensic*, a tecnologia EnCase também está presente nos seguintes produtos: EnCase *eDiscovery*, EnCase *Cybersecurity* e EnCase *Portable*.

FREDDIE[74]

Trata-se de uma versão portátil para forense digital, da Digital Intelligence, sendo que sua configuração padrão possui um Intel *six core* i7-6800k, CPU com 3.4 GHz e 15 MB de cache e 32 GB de memória DDR4.

A ferramenta foi criada com o diferencial de ser levada para o local em que o crime ocorreu para que seja realizada a forense computacional e a aquisição de evidências do crime.

---

74 Informações extraídas do site: <https://digitalintelligence.com/products/overview>. Acesso em: 27 jun. 2018.

Importante esclarecer que o sistema do FREDDIE inclui bloqueador de gravação UltraBay 4™ para drives SATA, SAS, IDE, USB 3 etc., não sendo necessário desligar a estação de trabalho para conectar e remover *drives*.

A ferramenta possui também uma bandeja de unidade removível com conexão USB 3.1 integrada.

De acordo com descrição da solução apresentada no site da Tech Biz Forense Digital[75]:

> Com essa solução, não é mais necessário se preocupar em configurar dispositivos paralelos em máquinas suspeitas para *backup*, por exemplo, ou utilizar adaptadores SCSI. O UltraBay+, da Digital Intelligence, está incluído na solução e pode ser usado para coletar de modo forense dados de *drives* IDE, SATA, SCSI e USB a partir do software de captura de imagem escolhido pelo investigador. Não é preciso desligar a estação de trabalho para conectar e remover os *drives* do UltraBay+.
>
> O FREDDIE também possui a habilidade de se conectar diretamente a uma rede de 10Mb, 100Mb ou até mesmo Gigabit Ethernet e utilizá-la como uma estação de trabalho padrão quando não está processando ou adquirindo dados. Com a adição de um software de análise de rede (*Packet Analyzer*), o FREDDIE também monitora o tráfego de rede e toda a comunicação feita na cena do crime.

FRED Forensic Workstation[76]

O FRED Forensic Workstation promove a aquisição, a análise e o processamento forense, sendo capaz de extrair imagens de *drives* IDE, SATA, SCSI, cartões de memória e de outras fontes.

Importante expor que também contém o bloqueador de gravação UltraBay, sendo uma solução muito utilizada na atuação dos peritos visando materializar as evidências de crimes que tenham deixado vestígios em meios eletrônicos.

---

75 TECHBIZ FORENSE DIGITAL. **FREDDIE.** Disponível em: <http://forensedigital.com.br/product/freddie/>. Acesso em: 14 jun. 2018.

76 Informações extraídas do site: <https://digitalintelligence.com/products/fred/>. Acesso em: 14 jun. 2018.

VPER com EnCase[77]

O *kit* VPER com Encase é uma unidade portátil multiúso que possui um conjunto de soluções de hardware para visualizar, adquirir ou processar evidências digitais e possui instalado o software EnCase. O VPER inclui uma poderosa estação de trabalho forense no laptop FREDL com bloqueadores de escrita forense, duplicador forense TD2, cabos e adaptadores, dentre outras possibilidades.

PC-3000 Express Professional System[78]

O PC-3000 Express Professional System promove a recuperação de dados de HDDs danificados, com base em interfaces SATA (*Serial* ATA) ou PATA (IDE) para diversos fornecedores (Seagate, Western Digital, Fujitsu, Samsung, Maxtor, Quantum, IBM (HGST), Hitachi, Toshiba), para várias capacidades (de 500 MB a 6 TB), além de sistemas de arquivos FAT, exFAT, NTFS, EXT2/3/4, HFS+, UFS1/2, XFS, ReiserFS, VMFS e também imagens virtuais VMDK e VHD.

Cellebrite[79]

A empresa Cellebrite, fundada em Israel no ano de 1999, oferece soluções tecnológicas para polícias, militares, órgãos governamentais e iniciativa privada visando a extração e análise de dados de dispositivos móveis, bem como computadores, redes sociais ou nuvem. As soluções da empresa oferecem a possibilidade de recuperar dados apagados ou criptografados.

A empresa oferece o UFED *Touch Ultimate*, que permite promover a extração física em sistema de arquivos lógicos e extração de dados, inclusive apagados ou com senha, de celulares, smartphones, dispositivos portáteis de GPS, tablets, drones etc.

A ferramenta é muito utilizada não apenas no Brasil mas em todo o mundo, em razão de oferecer inúmeras possibilidades para a investigação e também por ter uma interface gráfica muito intuitiva que facilita a sua utilização pelos agentes.

---

77 Informações extraídas do site: <https://digitalintelligence.com/store/products/vper-kit-with-encase?taxon_id=18>. Acesso em: 14 jun. 2018.

78 Informações extraídas do site: <http://www.acelaboratory.com/ExpressSystem>. Acesso em: 14 jun. 2018.

79 Informações extraídas do site: <https://www.cellebrite.com/pt/products/ufed-ultimate-pt/>. Acesso em: 14 jun. 2018.

Um avanço muito bem recebido pelos policiais foi a funcionalidade *touch screen*, que torna o dispositivo ainda mais acessível.

O UFED *Touch Ultimate* possui o UFED *Physical Analyzer*, que permite a decodificação, a análise e o relatório dos dados de interesse da investigação, o UFED *Phone Detective*, que permite obter informações sobre o modelo de celular e outras informações relevantes para o agente que realizará a extração, e o UFED *Reader*, que possibilita a pessoas autorizadas promoverem o compartilhamento dos relatórios decorrentes da análise, mesmo para aqueles que não possuam o UFED, sendo necessário apenas encaminhar o arquivo juntamente com o UFED *Reader*.

Um opcional que pode auxiliar sobremaneira o investigador é o UFED *Chinex*, que permite promover a extração de dados de telefones produzidos na China.

Recentemente, com a utilização massiva de drones, a empresa passou a oferecer suporte para a realização de perícia em drones, incluindo os drones DJI (DJI Inspire 2, DJI Phantom 3, DJI Phantom 4 e DJI Mavic) e os aplicativos móveis DJI Go e DJI Go4.

Por intermédio do dispositivo é possível realizar a análise em imagens e vídeos capturados pelo drone durante o voo, metadados das imagens, histórico da trajetória do drone durante voos, contendo data e horário, sendo possível, inclusive, reproduzir visualmente os locais em que o drone passou, locais em que o drone decolou e pousou, informações sobre a altura do voo, informações identificadoras do drone, incluindo dados sobre a bateria.

Além disso, é possível obter informações sobre dados excluídos, inclusive informações sobre o voo, locais de partida e dados decodificados dos aplicativos utilizados para controlar o drone.

A empresa oferece dois exemplos de utilização do dispositivo para obter informações de drones utilizados na prática de crimes:

Caso 1:
Uma pessoa foi presa, sendo necessário esclarecer se ela utilizou um drone para praticar um crime. Durante a investigação foi realizada a extração móvel e tomou-se conhecimento que foi utilizado o aplicativo DJI Go. O UFED *Physical Analyzer* obteve a trajetória do drone, incluindo o local em que o drone decolou e retornou e informações do drone que ele utilizou.

Caso 2:
Um drone foi apreendido e o policial precisa identificar a pessoa que pilotou o drone.

O UFED *Physical Analyzer* recuperou as imagens do drone, vídeos, trajetória de voo, incluindo local da decolagem e aterrissagem. De acordo com análise dos pontos de localização, pode ser possível chegar até a residência do suspeito.

XRY[80]

O XRY, da MSAB, é uma ferramenta que permite a extração de evidências eletrônicas com rapidez e integridade, sendo muito recomendado na realização de perícias, possuindo o XRY *Logical*, o XRY *Physical*, o XRY *Cloud*, o XRY *Camera*, o XRY *PinPoint* etc.

XRY *Logical* permite extrair dados ao vivo do sistema de arquivos, no local do crime. Permite também a obtenção dos dados do cartão SIM e do armazenamento de memória SD.

O XRY *Physical* oferece ao perito a possibilidade de ignorar o sistema operacional para obter os dados brutos do dispositivo, permitindo que tenha acesso a dados protegidos (por exemplo, criptografados) e excluídos do sistema. Também é possível adquirir fisicamente dados da memória interna que estejam suprimidos ou ocultos.

O XRY *Cloud*, por intermédio de *tokens* de aplicativos armazenados no celular, recupera dados que estejam mantidos na nuvem, sendo muito relevante quando há interesse em informações armazenadas por redes sociais ou aplicativos, como, por exemplo, WhatsApp, Facebook, Google etc.

Existe a possibilidade de captura das informações no modo automático (são utilizados os *tokens* do aplicativo, necessários para a recuperação de dados da nuvem, quando o dispositivo estiver na posse do agente que for realizar a extração) e manual (a recuperação de dados ocorre sem o dispositivo, sendo necessário inserir login/senha).

O XRY *Camera* permite que o agente complemente o relatório XRY com imagens de dispositivos reais e vídeos feitos com uma câmera HD (exemplo: foto do adesivo abaixo da bateria contendo IMEI do celular ou marcações únicas na tela do celular).

O XRY *PinPoint* extrai e decodifica dados de dispositivos móveis não padrão, como, por exemplo, celulares baratos adquiridos na Ásia.

---

80 Informações extraídas do site: <https://www.msab.com/products/xry/>. Acesso em: 14 jun. 2018.

XRY e XAMN[81]

A ferramenta realiza a extração de informações armazenadas em drones, sendo possível obter rotas de voos, dados de localização, incluindo decolagens e pousos, bem como outras informações relevantes para a apuração de um crime que tenha relação com a utilização de drones.

Xplico[82]

O Xplico é uma ferramenta de análise forense de rede liberada sob licença GNU (NFAT - *Network Forensic*). Ele promove a extração de dados de aplicativos durante a captura do tráfego da internet, rede local e seus protocolos.

De acordo com a empresa que o produz, por exemplo, "de um arquivo PCAP, o Xplico extrai cada e-mail (protocolos POP, IMAP e SMTP), todo o conteúdo HTTP, cada chamada VoIP (SIP), FTP, TFTP e assim por diante. O Xplico não é um analisador de protocolo de rede. O Xplico é uma ferramenta de análise forense de rede de código aberto (NFAT)"[83].

Wireshark[84]

O Wireshark (anteriormente denominado Ethereal) é um *sniffer*, ou seja, uma ferramenta que tem o objetivo de analisar protocolo de rede, utilizada nos sistemas operacionais Windows e Mac.

O software permite identificar os aplicativos em execução na rede e monitorar o tráfego da máquina virtual, de forma que seja possível navegar interativamente no tráfego em tempo de execução.

Ele auxilia a detectar problemas, conexões suspeitas e pode auxiliar no desenvolvimento de softwares.

A ferramenta organiza o tráfego de pacotes por protocolos e oferece uma interface gráfica que permite a utilização de filtros para melhor compreensão das informações.

---

81 Informações extraídas do site: <https://www.msab.com/products/drones/>. Acesso em: 14 jun. 2018.

82 Informações extraídas do site: <https://www.xplico.org/screenshot>. Acesso em: 14 jun. 2018.

83 XPLICO. **About.** Disponível em: <https://www.xplico.org/about>. Acesso em: 14 jun. 2018.

84 Informações extraídas do site: <https://www.wireshark.org/>. Acesso em: 30 maio 2018.

Interessante destacar que o usuário observa os pacotes destacados nas cores verde, preto e azul, sendo que, por padrão, o verde é o tráfego TCP, azul escuro é o tráfico DNS, azul claro tráfego UDP e preto identifica os pacotes TCP com problemas, sendo possível editar essas configurações de cores.

Se habilitado o modo promíscuo de execução da ferramenta, ele, além de capturar os pacotes direcionados para sua placa de rede, também captura todos os outros que estiverem circulando pela rede no momento.

Drones[85]

DJI Phantom 4 Pro[86]

O drone DJI Phantom 4 Pro tem sido muito utilizado por profissionais da segurança pública em razão das facilidades no seu manuseio e também pelas inúmeras possibilidades oferecidas para obter imagens dos alvos com extrema qualidade.

O equipamento possui câmera com sensor de 20 megapixels, pode filmar em 4k/60 fps e *Burst Mode* de 14 fps, além de possuir obturador mecânico, código duplo e sensores de detecção de obstáculos em cinco direções (*Flight Autonomy*), sendo os sensores laterais infravermelhos.

O drone possui autonomia de trinta minutos de voo e o transmissor possui alcance de sete quilômetros, uma distância considerável na realização de atividades de enfrentamento ao crime.

O aplicativo DJI GO mostra a duração da bateria, bem como realiza cálculos sobre o tempo restante, considerando a distância percorrida.

O controle remoto do drone integra um sistema de transmissão de vídeo HD Lightbridge, sendo possível escolher entre as frequências 2.4 Ghz e 5.8 Ghz.

Importante salientar que possui uma tecnologia para controle de rota denominada *Draw* que permite desenhar uma rota na tela e o drone passa a se mover na direção indicada, sendo que sua altitude fica bloqueada, facilitando que o piloto foque no controle da câmera e permitindo que as imagens para a segurança pública sejam obtidas de forma mais otimizada.

---

85 DRONES BRASIL. **Compare modelos.** Disponível em: <https://www.dronesbrasil.com/comparar-modelos-drone-dji>. Acesso em: 10 maio 2018.

86 Informações extraídas do site: <https://www.dji.com/phantom-4-pro>. Acesso em: 13 jun. 2018

Outra possibilidade que pode ser muito explorada pelo policial que estiver utilizando o drone é o Active Track, que permite reconhecer automaticamente objetos, segui-los e capturar suas imagens durante sua movimentação, melhorando a dinâmica do voo e a qualidade das imagens obtidas.

Ele utiliza algoritmos avançados de reconhecimento de imagem que permitem reconhecer e rastrear o alvo, seja uma pessoa, um animal ou objeto, enquanto ele é mantido na tela do controle.

O profissional da segurança que estiver utilizando o drone pode escolher a função *Trace*, que seguirá o objeto evitando obstáculos automaticamente, a função *Profile*, que permite voar ao lado de um objeto com uma variedade de ângulos, e a função *Spotlight*, que permite manter a câmera em um objeto enquanto a aeronave voa em qualquer direção.

É também imperioso destacar que o drone possui uma ferramenta denominada *Tapfly*, que permite voar em qualquer direção visível na tela, bastando apenas um toque para ajustar a direção do voo – e, como já se sabe, evitando obstáculos. Pode-se mudar a direção pelo controle ou com outro toque.

O *Tapfly* oferece as opções *Tapfly Forward*, que permite tocar para voar na direção selecionada, *Tapfly Backward*, em que o toque permite voar na direção oposta, e *Tapfly Free*, que trava as direções do drone sem travar a câmera.

Outra função que o drone possui é o *Return To Home*, que registra a rota de ida e permite voltar automaticamente para o ponto inicial de decolagem por intermédio da rota, evitando obstáculos, bem como escolher a melhor rota de volta, considerando as condições ambientais. A função ajuda a evitar diversos problemas, como, por exemplo, quando o controle é desconectado durante o voo.

Ele também permite detectar o local mais adequado para a aterrissagem, evitando, por exemplo, que o drone pouse na água ou em algum local que o coloque em risco.

Outra funcionalidade é o controle por gestos (*Gesture Mode*), que permite captura de *selfie* por gestos, e o sensor de redundância (*Sensor Redundancy*), que oferece o módulo bússola dupla e dois IMUs para tornar o voo mais estável.

DJI Mavic Pro[87]

O DJI Mavic Pro é outro drone muito utilizado no âmbito da segurança pública e tem se destacado por sua praticidade e facilidade no manuseio, principalmente considerando que é dobrável e muito compacto, sendo menor que o DJI Phantom 4 Pro.

Ele possui uma câmera 4K para vídeos e 12 MP para fotos, sendo ela estabilizada por um gimbal mecânico de três eixos. Além disso, possui bateria (3.830 mAh) com autonomia de até 27 minutos e pode alcançar sete quilômetros em relação ao controle (13 quilômetros horizontalmente). Atinge uma velocidade de até 65 km/h de velocidade (modo *Sport*) e uma altura de até cinco mil metros a partir do nível do mar.

O fato dos seus braços que suportam as hélices retraírem auxilia sobremaneira seu transporte. O seu tamanho dobrado é 83 x 83 x 198mm e pesa 734 g.

O drone possui sensor de obstáculos que pode identificá-los até 15 metros na sua frente, bem como pousar no mesmo lugar onde decolou (*Flight Autonomy*).

Outra ferramenta interessante para atuação do policial é o *ActiveTrack*, que permite seguir o alvo indicado na tela do controle.

O DJI Mavic Pro segue (pela frente ou por trás) o objeto escolhido, bem como circunda o alvo, enquanto ele se movimenta. Além disso, voa ao lado do seu objeto escolhido e possui a função Destaque, que mantém a câmera no alvo enquanto o drone voa pelas proximidades.

Ele pode voar pelo celular ou por controle remoto. O controle possui o modo *Tripod*, que torna os movimentos do drone mais lentos e precisos, para melhorar a qualidade na obtenção de foto. Além disso, ele pode se manter automaticamente no mesmo nível quando estiver em superfícies irregulares.

DJI Inspire 2[88]

O DJI Inspire 2 é também uma boa opção e o seu preço é mais elevado do que o Mavic e o Phantom. A sua câmera e o seu gimbal geralmente são vendidos separadamente. O drone pode voar até 25 minutos (Zenmuse X5S) ou 27 mi-

---

87 Informações extraídas do site: <https://www.dji.com/mavic-pro-platinum>. Acesso em: 13 jun. 2018.

88 Informações extraídas do site: <https://www.dji.com/inspire-2?site=brandsite&from=nav>. Acesso em: 30 maio 2018.

nutos (Zenmuse X4S). Ele possui uma velocidade máxima de subida de 6 m/s, velocidade máxima de descida vertical de 4 m/s, inclinação de 4-9 m/s e inclinação padrão de 4 m/s, podendo ser definido no aplicativo. Ele possui velocidade máxima de 26m/s (94 km/h no *S-mode*). Seu sistema de detecção de obstáculos pode identificá-los até 30 metros antes de chegar a eles e seus sensores infravermelhos voltados para cima detectam obstáculos dentro de uma faixa de 5 metros.

As dimensões do drone são: 42,7cm (largura) x 31,7cm (altura) x 42,5cm (profundidade) (sem hélices).

O drone suporta os seguintes cartões micro SD: Sandisk Extreme 32 GB UHS-3 V30 MicroSDHC; Sandisk Extreme 64 GB UHS-3 V30 MicroSDXC; Panasonic 32 GB UHS-3 MicroSDHC; Panasonic 64 GB UHS-3 MicroSDXC; Samsung PRO 32 GB UHS-1 MicroSDHC; Samsung PRO 64 GB UHS-3 MicroSDXC; e Samsung PRO 128 GB UHS-3 MicroSDXC.

O drone possui distância de transmissão de 7 quilômetros e possui a função de voltar para casa, ou seja, obtém informações sobre o ambiente e planeja automaticamente.

XMobots VANT Arator 5A[89]

O XMobots VANT Arator 5A foi elaborado com fibra de kevlar em um monobloco e foi desenvolvido para a agricultura de precisão, contudo, pode ser utilizado no âmbito estratégico para a segurança pública.

O lançamento é manual, a decolagem é automática e o pouso é feito por um sistema que utiliza paraquedas que se abrem quando se aproxima do solo. O pouso pode ser feito de várias formas e em locais diversos, como, por exemplo, de cabeça para baixo ou na água.

O drone possui autonomia de voo de uma hora, alcance de até 10 quilômetros e pode realizar o mapeamento de até 2500 Ha por dia.

O drone possui uma câmera de 18 Mpixel na versão básica ou 24 Mpixel nas versões HP e Full.

---

89 Informações extraídas do site: <http://mundogeo.com/blog/2015/10/20/xmobots-lanca-na-droneshow-o-primeiro-mini-drone-a-pousar-na-agua/>. Acesso em: 14 jun. 2018.

DJI Matrice 600 Pro[90]

O DJI Matrice 600 Pro possui um sistema modular que facilita sua montagem, tornando-a muito rápida. O drone possui um sistema de propulsão antipoeira que facilita a sua manutenção e também ajuda a refrescar os motores.

O drone também possui redundância modular tripla e diagnóstico de algoritmos que comparam os dados do sensor a partir dos três conjuntos de unidades, em tempo real.

Ele tem um alcance de 5 quilômetros de transmissão de imagem, com uma latência baixa, e possui seis pequenas baterias inteligentes DJI.

Seu sistema customizado de gerência de bateria e uma placa de distribuição admitem que todas as seis baterias sejam ligadas simultaneamente com apenas um botão, mantendo o sistema de voo, mesmo que ocorra falha em alguma delas.

O drone, com seis baterias TB47S, sem carga útil, pode voar por 32 minutos; com carga útil de 6 kg, pode voar 16 minutos.

Caso sejam utilizadas seis pilhas TB48S, sem carga útil, voa 38 minutos; com carga útil de 5,5 kg, voa 18 minutos.

[90] Informações extraídas do site: <https://www.dji.com/matrice600-pro/info>. Acesso em: 14 jun. 2018.

7. Legislação

Legislação sobre investigação criminal

- **Lei nº 13.432, de 11 de abril 2017.** Dispõe sobre o exercício da profissão de detetive particular. Disponível em: <http://www.planalto.gov.br/ccivil_03/_ato2015-2018/2017/lei/L13432.htm>. Acesso em: 10 maio 2018.
- **Lei nº 13.260, de 16 de março de 2016.** Regulamenta o disposto no inciso XLIII do art. 5º da Constituição Federal, disciplinando o terrorismo, tratando de disposições investigatórias e processuais e reformulando o conceito de organização terrorista; e altera as Leis n°s 7.960, de 21 de dezembro de 1989, e 12.850, de 2 de agosto de 2013. Disponível em: <http://www.planalto.gov.br/ccivil_03/_ato2015-2018/2016/lei/l13260.htm>. Acesso em: 10 maio 2018.
- **Lei nº 12.850, de 02 de agosto de 2013.** Define organização criminosa e dispõe sobre a investigação criminal, os meios de obtenção da prova, infrações penais correlatas e o procedimento criminal; altera o Decreto-Lei nº 2.848, de 7 de dezembro de 1940 (Código Penal); revoga a Lei nº 9.034, de 3 de maio de 1995; e dá outras providências. Disponível em: <http://www.planalto.gov.br/ccivil_03/_ato2011-2014/2013/lei/l12850.htm>. Acesso em: 10 maio 2018.
- **Lei nº 12.830, de 20 de junho de 2013.** Dispõe sobre a investigação criminal conduzida pelo delegado de polícia. Disponível em: <http://www.planalto.gov.br/ccivil_03/_ato2011-2014/2013/lei/l12830.htm>. Acesso em: 10 maio 2018.
- **Lei nº 9.296, de 24 de julho de 1996.** Regulamenta o inciso XII, parte final, do art. 5° da Constituição Federal. Disponível em: <http://www.planalto.gov.br/ccivil_03/leis/L9296.htm>. Acesso em: 10 maio 2018.
- **Decreto-Lei nº 3.689, de 03 de outubro de 1941.** Código de Processo Penal. Disponível em: <http://www.planalto.gov.br/ccivil_03/decreto-lei/Del3689.htm>. Acesso em: 10 maio 2018.

Legislação sobre inteligência

Decreto não numerado de 15 de dezembro de 2017[91]

Aprova a Estratégia Nacional de Inteligência.

O PRESIDENTE DA REPÚBLICA, no uso da atribuição que lhe confere o art. 84, *caput*, inciso VI, alínea "a", da Constituição, e tendo em vista o disposto no Decreto nº 4.376, de 13 de setembro de 2002,

DECRETA:

Art. 1º Fica aprovada a Estratégia Nacional de Inteligência – ENINT, constante do Anexo.

Art. 2º Os órgãos e as entidades da administração pública federal considerarão, em seus planejamentos, ações que concorram para o fortalecimento do Sistema Brasileiro de Inteligência.

Art. 3º Este Decreto entra em vigor na data de sua publicação.

Brasília, 15 de dezembro de 2017; 196º da Independência e 129º da República.

MICHEL TEMER
Sergio Westphalen Etchegoyen

Este texto não substitui o publicado no DOU de 18.12.2017

ANEXO
ESTRATÉGIA NACIONAL DE INTELIGÊNCIA

1. MENSAGEM DO PRESIDENTE DA REPÚBLICA

O Brasil que queremos é um país harmônico. Um país que cumpra a sua vocação para um desenvolvimento integral, aliando o crescimento econômico à justa distribuição de suas riquezas; a plena utilização de suas capacidades à preservação do meio ambiente; a defesa de sua soberania à cooperação internacional. Queremos, em suma, um país que, na busca constante desses equilíbrios, garanta condições dignas de vida a todos os seus cidadãos.

Para alcançar esse desenvolvimento harmônico, é fundamental que os programas de governo, da concepção à implementação, se apoiem em informações pre-

[91] BRASIL. Decreto não numerado de 15 de dezembro de 2017. Aprova a Estratégia Nacional de Inteligência. Disponível em: <http://www.planalto.gov.br/ccivil_03/_Ato2015-2018/2017/Dsn/Dsn14503.htm>. Acesso em: 10 maio 2018.

cisas e oportunas. Para decidir, o Governo tem de sopesar os diversos matizes de uma realidade em constante evolução, considerando as ações dos múltiplos agentes, domésticos e externos, que em conjunto influem nos rumos de nossa sociedade.

Quanto mais ágeis e mais precisas forem essas informações, tanto melhor será a capacidade do Estado brasileiro de fazer frente a seus desafios estratégicos, identificando oportunidades e neutralizando riscos. Diante disso, contar com um sistema de Inteligência capaz e bem estruturado, com a necessária capilaridade doméstica e internacional, é uma necessidade imperiosa do próprio desenvolvimento nacional.

Em meio aos muitos desafios que enfrentamos e vamos suplantando, tenho orgulho de poder afirmar que estive atento a essas necessidades desde os primeiros dias de minha gestão. Data, afinal, de 29 de junho de 2016 – escassos 48 dias após o início de meu governo – a publicação da Política Nacional de Inteligência, adotada pelo Decreto nº 8.793. O documento, como se sabe, é fruto de um esforço iniciado pela Agência Brasileira de Inteligência ainda em 2009 e que em sua maturação foi enriquecido pela análise crítica da Comissão Mista de Controle das atividades de Inteligência do Congresso Nacional. Foram necessárias sensibilidade e vontade política para levar a bom termo esse processo de análise e tornar vigente aquele projeto.

Esta Estratégia será, oportunamente, complementada por um Plano Nacional de Inteligência e, juntos, esses dois documentos darão muito maior concretude, nos níveis operacional e tático, aos mandamentos daquele documento básico de junho de 2016. Mais importante: encerram o ciclo iniciado em março de 1990, que buscou circunscrever plenamente a atividade de Inteligência aos marcos do Estado Democrático de Direito.

Esse processo todo tem por objetivo último o fortalecimento do Sistema Brasileiro de Inteligência (SISBIN), de maneira que as 37 agências que hoje o integram possam trabalhar em sintonia cada vez maior, sempre com vistas a subsidiar o Estado brasileiro na tomada de decisões estratégicas e na sua implementação.

O que buscamos, em suma, é continuar dotando o Brasil das ferramentas adequadas para a promoção do progresso e da paz social, atendendo aos principais anseios de nossa sociedade e proporcionando às gerações futuras uma nação de que possam orgulhar-se.

2. INTRODUÇÃO

Em um ambiente interno e externo de profundas e constantes transformações, o conhecimento torna-se fator essencial para que o Brasil se posicione adequadamente nesse contexto desafiador, competitivo e de muitas ameaças. Avaliações corretas, oportunas e aprofundadas conferem ao País um diferencial competitivo, além de proporcionar segurança e proteger os interesses nacionais. O espaço para erros é cada vez menor. Por isso, a atividade de Inteligência, que objetiva a obtenção, a análise e a disseminação de conhecimentos sobre fatos e situações que possam impactar o processo decisório e a ação governamental, vem ganhando progressivamente importância estratégica.

Nesse sentido, a formulação de uma Estratégia Nacional de Inteligência (ENINT) se tornou imperiosa. A ENINT é um documento de orientação estratégica decorrente da Política Nacional de Inteligência (PNI), fixada por meio do Decreto nº 8.793, de 29 de junho de 2016, e servirá de referência para a formulação do Plano Nacional de Inteligência. Ela consolida conceitos e identifica os principais desafios para a atividade de Inteligência, definindo eixos estruturantes e objetivos estratégicos, de forma a criar as melhores condições para que o Brasil possa se antecipar às ameaças e aproveitar as oportunidades.

A ENINT foi elaborada a partir de discussões oriundas de um grupo de trabalho composto por representantes de órgãos do Conselho Consultivo do Sistema Brasileiro de Inteligência (Consisbin), com o apoio de estudiosos da atividade de Inteligência de vários segmentos (universidades, órgãos de governo e instituições de referência), tendo sido apreciada ao final por todos os órgãos do SISBIN.

Por meio de orientação sistemática e foco, a ENINT irá propiciar a execução da PNI. Por ter caráter público, traz a transparência necessária e permite à sociedade conhecer os elementos norteadores para o Sistema Brasileiro de Inteligência no horizonte temporal de 2017 a 2021.

A ENINT não é um documento rígido e terá flexibilidade para considerar os ajustes que se fizerem necessários em função da alteração de variáveis e de cenários que possam impactar a atividade de Inteligência. Ela traz uma oportunidade de aprendizado para todos os órgãos que compõem o SISBIN, com a certeza de que o êxito de qualquer sistema está diretamente relacionado a sua capacidade de atuação coesa, integrada e direcionada.

2.1 Atividade de Inteligência no Brasil

Todo ato decisório do Estado deve estar lastreado em subsídios oportunos, amplos e seguros. Para tanto, faz-se necessário o conhecimento dos temas de interesse para a ação governamental, notadamente aqueles que possam representar ameaças ou oportunidades à consecução dos objetivos nacionais.

Nesse contexto, o exercício permanente de ações especializadas de Inteligência, com o objetivo de produzir e difundir conhecimentos para auxiliar as autoridades governamentais, ganha suma importância.

Cabe à atividade de Inteligência acompanhar o ambiente interno e externo, buscando identificar oportunidades e possíveis ameaças e riscos aos interesses do Estado e à sociedade brasileira. As ações destinadas à produção de conhecimentos devem permitir que o Estado, de forma antecipada, direcione os recursos necessários para prevenir e neutralizar adversidades futuras e para identificar oportunidades para sua atuação.

A atividade de Inteligência no Brasil vem ganhando relevância crescente e transparência, sobretudo com a aprovação da PNI e a edição da presente ENINT. Esses documentos são elos aglutinadores dos órgãos que compõem o SISBIN e os direcionadores para a formulação das iniciativas estratégicas referentes à atividade de Inteligência.

A seguir, conforme disposto na PNI, é explicitado o conceito da atividade de Inteligência:

"Exercício permanente de ações especializadas, voltadas para a produção e difusão de conhecimentos, com vistas ao assessoramento das autoridades governamentais nos respectivos níveis e áreas de atribuição, para o planejamento, a execução, o acompanhamento e a avaliação das políticas de Estado. A atividade de Inteligência divide-se, fundamentalmente, em dois grandes ramos:

I – Inteligência: atividade que objetiva produzir e difundir conhecimentos às autoridades competentes, relativos a fatos e situações que ocorram dentro e fora do território nacional, de imediata ou potencial influência sobre o processo decisório, a ação governamental e a salvaguarda da sociedade e do Estado;

II – Contrainteligência: atividade que objetiva prevenir, detectar, obstruir e neutralizar a Inteligência adversa e as ações que constituam ameaça à salvaguarda de dados, conhecimentos, pessoas, áreas e instalações de interesse da sociedade e do Estado".

2.2 PNI

A PNI definiu os parâmetros e os limites de atuação da atividade de Inteligência e estabeleceu seus pressupostos, instrumentos, identificou as principais ameaças, ou seja, aquelas que apresentam potencial capacidade de colocar em risco a segurança da sociedade e do Estado e, finalmente, definiu objetivos e diretrizes no âmbito do SISBIN.

2.3 SISBIN

Em 7 de dezembro de 1999, foi sancionada a Lei nº 9.883, que instituiu o Sistema Brasileiro de Inteligência e criou a Agência Brasileira de Inteligência (ABIN), na posição de seu órgão central. O Sistema tem por objetivo integrar ações de planejamento e execução das atividades de Inteligência no País, com a finalidade de fornecer subsídios ao Presidente da República nos assuntos de interesse nacional. Já a ABIN passou a ter sob sua responsabilidade a função de planejar, executar, coordenar, supervisionar e controlar as atividades de Inteligência do País, obedecidas a política e as diretrizes superiormente traçadas nos termos da lei.

Cabe ao SISBIN a responsabilidade pelo processo de obtenção e análise de informações e produção de conhecimentos de Inteligência necessários ao processo decisório do Poder Executivo. O Sistema também atua na proteção das informações sensíveis e estratégicas do Estado brasileiro. Nesse sentido, reúne órgãos e estruturas capazes de colaborar, de modo decisivo, em variados temas, a exemplo daqueles relacionados a questões financeiras, tributárias, econômicas, sociais, ambientais, de infraestrutura, de política externa e de segurança.

O SISBIN tem como fundamentos a preservação da soberania nacional, a defesa do Estado Democrático de Direito e a dignidade da pessoa humana, devendo ainda cumprir e preservar os direitos e as garantias individuais e os demais dispositivos da Constituição, os tratados, as convenções, os acordos e ajustes internacionais em que a República Federativa do Brasil seja parte ou signatária, além da legislação ordinária.

O SISBIN é fundamental para a identificação de fatos e situações que podem influenciar o processo decisório e a ação governamental e para a segurança da sociedade e do Estado. Sua importância ficou evidenciada na realização exitosa dos grandes eventos ocorridos no Brasil nos últimos anos, demonstrando um avançado estágio de integração entre as diversas instituições que o compõem.

2.4. Controle da atividade de Inteligência

Em função da natureza estratégica, os conhecimentos fornecidos para o assessoramento às decisões tomadas pelas autoridades governamentais devem ser garantidos pelo sigilo. Efetivamente, trata-se de uma das principais peculiaridades inerentes à atividade de Inteligência. Desprovidas dessa exceção à regra geral de publicidade dos atos públicos, os conhecimentos produzidos no âmbito do SISBIN se tornariam, muitas vezes, inócuos. Perder-se-ia a capacidade do Estado de antecipar-se à materialização de ameaças ou de aproveitar oportunidades surgidas em um ambiente altamente competitivo.

O exercício permanente de ações especializadas com vistas à produção e à difusão de conhecimentos que assessorem o processo decisório impõe a necessidade de garantias jurídicas aptas a assegurar o seu adequado desempenho. Nesse sentido, as normas atinentes à atividade de Inteligência têm sido desenvolvidas com o fim de atender as suas peculiaridades e de tornar possível a atuação eficiente dos diversos órgãos incumbidos dessa função. O que particulariza a estrutura normativa da atividade de Inteligência é, portanto, a previsão legal de exceções aos paradigmas impostos a outras funções essenciais do Estado sem, todavia, distanciar-se dos ideais democráticos que inspiram todo o serviço público.

Um dos principais pilares sobre os quais se estrutura o arcabouço jurídico da atividade de Inteligência, a Lei nº 9.883, de 1999, introduziu mecanismos jurídicos para a materialização das funções nela previstas. Nesse dispositivo legal, encontram-se instrumentos que viabilizam a proteção dos conhecimentos manipulados pela atividade de Inteligência. O principal deles é a garantia do sigilo, consignada nos artigos 9º e 9º-A.

Para garantir que o sigilo não afete o Estado Democrático de Direito, as sociedades desenvolveram mecanismos de controle com atores variados. Na maioria dos países do Ocidente, o controle está a cargo do Poder Legislativo, por meio de comissões específicas. Mas há diversas formas de controle para a atividade de Inteligência.

Em primeiro lugar, há um controle realizado pelo órgão executivo, assegurando que os objetivos a serem alcançados, assim como as políticas a serem implementadas e os planos formulados, respondam adequadamente às demandas da sociedade. Esse controle é responsável também por garantir que os gastos dos serviços de Inteligência sejam efetuados com racionalidade e exclusivamente para ações legítimas, necessárias e úteis para o Estado.

No caso brasileiro, esse tipo de controle é exercido pela Câmara de Relações Exteriores e Defesa Nacional do Conselho de Governo, responsável pela supervisão da execução da PNI, e pelo Gabinete de Segurança Institucional, a quem cabe coordenar a atividade de Inteligência federal.

Além do controle político, existe um controle que é efetuado pelo titular do organismo de Inteligência. Esse controle enfoca o comportamento dos seus subordinados, a legitimidade e a adequação das suas ações à legislação vigente.

Aplica-se, ainda, um controle estrito sobre a utilização de recursos públicos. Os órgãos do SISBIN estão sujeitos ao controle do Tribunal de Contas da União (TCU), que avalia a gestão financeira e patrimonial. Em âmbito interno, os órgãos são controlados pela Secretaria de Controle Interno da Presidência da República (CISET/PR), no caso de órgãos ligados à Presidência da República, e pelo Ministério da Transparência e Controladoria Geral da União.

Por fim, existe o controle parlamentar. Esse controle tem por objetivo verificar tanto a legitimidade como a eficácia da atividade de Inteligência. No que diz respeito a esse último aspecto, o controle parlamentar deve evitar um posicionamento meramente reativo, episódico ou de respostas contingenciais, procurando também influir permanentemente para atingir as mudanças desejadas, emanando recomendações e buscando estimular as condutas e atitudes adequadas.

Os parlamentos são, sem dúvida, os mais poderosos órgãos de controle da atividade de Inteligência ao redor do mundo. No Brasil, foi instalada a Comissão Mista de Controle da Atividade de Inteligência (CCAI), cujo principal objetivo, de acordo com seu regimento, é fiscalizar e controlar a atividade de Inteligência desenvolvida por órgãos da administração pública federal, especialmente dos órgãos integrantes do SISBIN, destacando-se a preocupação de assegurar que a atividade seja realizada em conformidade com a Constituição e em defesa dos direitos e garantias individuais, da sociedade e do Estado.

3. Missão do SISBIN

É a declaração clara e objetiva que exprime de modo contundente aquilo que o Sistema de Inteligência oferece à sociedade.

Ao permitir o entendimento da razão de ser do SISBIN, a Missão promove o comprometimento e reforça a cooperação entre os parceiros do Sistema. Ela explicita o propósito fundamental, beneficiários e o impacto a ser produzido, além de possuir horizonte de longo prazo.

Para o SISBIN, foi desenvolvida a seguinte Missão:

Desenvolver a atividade de Inteligência, de forma integrada, para promover e defender os interesses do Estado e da sociedade brasileira.

4. Visão do SISBIN

É, ao mesmo tempo, aspiração e inspiração. Aspiração porque indica uma condição futura a ser alcançada. E inspiração porque suscita em todos a vontade em conquistar essa condição.

Ao partir de sua realidade atual, e tendo como foco a satisfação dos seus clientes (o Estado e a sociedade brasileira), o SISBIN buscará alcançar sua visão de futuro por meio da ação coordenada e efetiva de seus integrantes.

Assim, como visão de futuro, o SISBIN projeta:

Excelência e integração no desempenho da atividade de Inteligência, tornando-a imprescindível para a garantia da segurança e dos interesses do Estado e da sociedade brasileira.

5. Princípios éticos

A atividade de Inteligência deve ser conduzida em estrita obediência ao ordenamento jurídico brasileiro, pautando-se pela fiel observância aos Princípios, aos direitos e às garantias fundamentais expressos na Constituição, em prol do bem comum e na defesa dos interesses da sociedade e do Estado Democrático de Direito.

Para atender a esse propósito, a atividade de Inteligência lida com assuntos e conhecimentos sensíveis, que devem receber tratamento adequado, a fim de sempre garantir o atendimento dos objetivos maiores do País. Portanto, como esse exercício típico da atividade envolve escolhas e deliberações, impõem-se criteriosos e rigorosos comportamentos éticos para seus profissionais.

De acordo com a PNI, a Inteligência pauta-se pela conduta ética, que pressupõe um conjunto de princípios orientadores do comportamento humano em sociedade. Naquilo que em se aplica aos seus profissionais, representa, especialmente, o cuidado com a preservação dos valores que determinam a primazia da verdade, sem conotações relativas, da honra e da conduta pessoal ilibada, de forma clara e sem subterfúgios.

Os princípios éticos devem balizar tanto as condutas dos profissionais que lidam com a Inteligência quanto as dos usuários dos conhecimentos produzidos, para conferir à atividade de Inteligência a necessária legitimidade e credibilidade perante a sociedade. O produto da atividade deve ser utilizado no interesse do Estado e da sociedade brasileira, e apenas para propósitos legitimados democraticamente.

Os profissionais da atividade de Inteligência atuam com a consciência de cumprirem verdadeira missão de Estado, para a qual dedicam seus melhores esforços, sempre imbuídos do espírito de servir a Nação com dedicação e lealdade. No curso de sua ação individual e coletiva, além de outros orientadores legais, observam e praticam os seguintes princípios éticos:

- Respeito: adotam comportamentos e praticam ações que respeitam a dignidade do indivíduo e os interesses coletivos;
- Imparcialidade: atuam de modo isento, buscando a verdade no interesse do Estado e da sociedade brasileira, sem se deixar influenciar por ideias preconcebidas, interesses particulares ou corporativos;
- Cooperação: compartilham de forma sistemática e proativa dados e conhecimentos úteis para promoção e defesa dos interesses do Estado e da sociedade brasileira;
- Discrição: tratam os diversos aspectos de seu trabalho com reserva e sigilo, visando a proteger e preservar as instituições do SISBIN, os seus integrantes e os conhecimentos produzidos;
- Senso crítico: analisam e refletem sobre as implicações morais de suas ações e decisões; e
- Excelência: realizam as atividades com dedicação, qualidade, profissionalismo, de forma metódica, diligente e oportuna.

6. Ambiente estratégico:

Os países, em tempos de crise ou não, na condução das questões internas, externas e na garantia de sua segurança e de seus interesses, necessitam conhecer os possíveis cenários e as variáveis que os compõem, bem como suas implicações, desejadas ou indesejadas. Os tomadores de decisão necessitam de informações confiáveis, relevantes e oportunas que possam auxiliá-los na condução de suas atribuições.

O conjunto desses cenários moldam o ambiente estratégico no qual a atividade de Inteligência também atua e sobre o qual o Estado é instado a oferecer respostas tanto a desafios já identificados quanto àqueles inéditos, derivados das novas circunstâncias.

Para fazer frente a essa conjuntura tão dinâmica e difícil, ampliam-se os investimentos em Inteligência e Defesa no mundo. Os serviços e os sistemas de Inteligência se desenvolvem e se profissionalizam como reflexo do aumento da complexidade dos ambientes interno e externo, em consonância com as características de cada país, seu arranjo institucional, suas prioridades e suas necessidades de informações.

Nesse contexto, para o melhor desempenho da atividade de Inteligência, organismos de diversos países realizam, entre si, mais interações, apoiando ações e intercambiando informações, conforme os interesses, que, embora possam ser comuns sobre algumas temáticas, podem conflitar sobre outras que envolvam posicionamentos estratégicos específicos.

O aumento de tais interações é decorrente do desenvolvimento de pautas de interesse mundial, como o terrorismo internacional e os ilícitos transnacionais, e está sendo facilitado pelo avanço tecnológico que possibilita o intercâmbio ágil das informações.

O avanço tecnológico permeia e impacta qualquer processo desenvolvido na atualidade: as informações circulam com menos intermediação e mais velocidade; os instrumentos tecnológicos e de comunicação são onipresentes graças à interconectividade e à convergência com as plataformas móveis; a infraestrutura tecnológico-informacional está cada vez mais presente em produtos domésticos e industriais; o ambiente virtual permite que conteúdos e aplicativos tenham ampliação do alcance e da eficiência; e a mobilidade se faz ainda mais presente pela disseminação de armazenamento baseado em servidores remotos (em nuvem).

Os inegáveis benefícios e facilidades trazidos pela utilização da tecnologia são, contudo, acompanhados de vulnerabilidades. Como consequência, o mundo enfrenta o crescimento da espionagem cibernética, inclusive com fins econômicos e científicos. Da mesma forma, outros riscos surgem com a evolução tecnológica: a automatização e a interconectividade dos sistemas de infraestruturas críticas, por exemplo, tornam possíveis sabotagens pela via cibernética.

A disseminação das ameaças cibernéticas também resultou na intensificação das demandas por soluções capazes de ampliar o nível de segurança da informação, das comunicações e das infraestruturas críticas. Contudo, algumas das soluções de segurança, a exemplo dos recursos criptográficos, podem também ser utilizadas por grupos adversos aos interesses nacionais (como os ligados ao extremismo e ao crime) para a própria proteção. Esse uso dual torna ainda mais complexa a atuação do Estado no ambiente cibernético.

O cenário de evolução tecnológica implica também a crescente produção e armazenamento de grandes volumes de dados nos meios digitais (*big data*). A obtenção e a análise dessas quantidades massivas de dados ensejam oportunidades para a atividade de Inteligência, seja ela brasileira ou adversa. São os casos da utilização de aplicações para análise de vínculos, entendimento de contextos, localização de pessoas e de lugares e uso de inteligência artificial e de técnicas analíticas para grandes conjuntos de dados (*analytics*).

Junta-se a isso um ambiente internacional em que os fatos se multiplicam e adquirem grande imprevisibilidade. As fronteiras nacionais, a identidade nacional e os valores coletivos são desafiados diante das possibilidades de livre troca de informações, intercâmbio com uma comunidade mundial progressivamente mais conectada e trânsito de pessoas intenso.

Essa dinâmica configura um processo irrefreável de internacionalização do mundo, com um fluxo multidirecional, cada vez maior, de bens, transações, valores, informações e ideias.

O mundo vivencia o fortalecimento de novos atores não estatais que possuem ramificações em diversos países e apresentam considerável capacidade para influenciar políticas públicas. Tais atores se utilizam intensamente da tecnologia, conseguem se articular melhor e se estruturar em formato de redes, tornando-se, assim, mais flexíveis e resilientes.

As atuais estruturas que compõem o sistema internacional se encontram em rápida mutação, resultando em uma conjuntura complexa para a formulação de estratégias de inserção externa dos países, sendo difícil o surgimento de um paradigma hegemônico para a interpretação e a condução de ações bem-sucedidas no cenário internacional.

Nesse sistema, cabe ao Brasil enfrentar as ameaças globais à segurança, como as atividades ilícitas transnacionais, as ideologias extremistas e o terrorismo, que continuam se intensificando. Na outra ponta, o País precisa estar atento às oportunidades que favoreçam a consolidação de mercados tradicionais e que abram caminhos alternativos para um desenvolvimento econômico sustentável que melhore a qualidade de vida da população brasileira.

A atividade de Inteligência se insere no esforço de integração do Brasil com os demais países e, em especial, os da América do Sul, de forma a aumentar a eficácia no enfrentamento dos problemas econômicos, nos temas de segurança do Estado e da sociedade, nas questões de desenvolvimento humano e no fortalecimento dos valores democráticos.

No âmbito interno, há também as ameaças à segurança pública que, mesmo não dissociadas de questões internacionais, fazem-se mais presentes na realidade da população brasileira, com o aumento da violência, o agravamento dos problemas estruturais do sistema prisional e a crescente atuação do crime organizado, inclusive sobre as estruturas de Estado.

Os problemas de segurança internos e externos ao Brasil encontram-se, muitas vezes, nas próprias fronteiras territoriais. É determinante a necessidade de se manter uma fiscalização adequada das fronteiras para se controlar o trânsito de pessoas, além de evitar o fluxo de narcóticos, de armas e de produtos relacionados ao contrabando.

Ainda relativamente às questões internas do País, deve permanecer o esforço de combate à corrupção e à lavagem de dinheiro, associado a demandas por respostas político-sociais mais efetivas, com perspectivas de reformas do sistema político nacional. Por consequência do aumento da influência das redes sociais no comportamento humano, elas têm sido cada vez mais utilizadas como meio de mobilização social. Paralelamente, as redes também servem a outros grupos de influência, que podem se utilizar delas para incentivar radicalizações de quaisquer gêneros.

A necessidade de conciliar a preservação do meio ambiente com o desenvolvimento sustentável e a exploração racional dos recursos naturais serão pautas constantes nos próximos anos. Nesse contexto, o País deve estar atento e preparado para questões como desmatamento ilegal, pressões sobre biomas e busca por fontes eficientes de energia.

Na organização legal, o País enfrenta o desafio de harmonizar as múltiplas demandas e necessidades de uma população com tanta diversidade e obter um arcabouço que seja justo para todos os brasileiros.

Os instrumentos legais aplicados à atividade de Inteligência devem proporcionar as condições para que a Inteligência atue com a eficiência que os desafios impostos ao Brasil requerem.

Num ambiente estratégico de profundas e rápidas transformações, caberá à atividade de Inteligência um papel de suma importância na promoção e defesa dos interesses do Estado e da sociedade brasileira e para o desenvolvimento do País.

Da atividade de Inteligência do Brasil, cada vez mais, será cobrada uma atuação voltada para contribuir com um país que se fundamenta na cidadania, na dignidade da pessoa humana, nos valores sociais do trabalho e da livre iniciativa e no pluralismo político, e que rege suas relações internacionais pela solução pacífica dos conflitos, pela cooperação entre os povos para o progresso da humanidade, pela autodeterminação dos povos e pela prevalência dos direitos humanos.

Da análise do ambiente estratégico e das orientações emanadas da PNI foram identificadas e priorizadas, dentre outras, ameaças à integridade e à segurança do Estado e da sociedade brasileira e oportunidades que, se aproveitadas, podem alçar o País a um novo nível de desenvolvimento, conforme a seguir.

6.1 Ameaças

Consideram-se principais ameaças aquelas que apresentam potencial capacidade de pôr em perigo a integridade da sociedade e do Estado e a segurança nacional.

As ameaças retratadas neste documento foram discutidas e definidas quando da formulação da Política Nacional de Inteligência e estão detalhadas no Anexo ao Decreto nº 8.793, de 2016. Segue um extrato da abordagem utilizada na PNI para cada ameaça:

- Espionagem, que visa à obtenção de conhecimentos ou dados sensíveis para beneficiar Estados, grupos de países, organizações, facções, grupos de interesse, empresas ou indivíduos;
- Sabotagem, que é a ação deliberada, com efeitos físicos, materiais ou psicológicos para destruir, danificar, comprometer ou inutilizar, total ou parcialmente, definitiva ou temporariamente, dados ou conhecimentos; ferramentas; materiais; matérias-primas; equipamentos; cadeias produtivas; instalações ou sistemas logísticos, sobretudo aqueles necessários ao funcionamento da infraestrutura crítica do País;
- Interferência externa, que é a atuação deliberada de governos, grupos de interesse, pessoas físicas ou jurídicas que possam influenciar os rumos políticos do País com o objetivo de favorecer interesses estrangeiros em detrimento dos nacionais;
- Ações contrárias à soberania nacional, que atentam contra a autodeterminação, a não ingerência nos assuntos internos e o respeito incondicional à Constituição e às leis;
- Ataques cibernéticos, que são ações deliberadas com o emprego de recursos da tecnologia da informação para interromper, penetrar, adulterar ou destruir redes utilizadas por setores públicos e privados essenciais à sociedade e ao Estado, a exemplo daqueles pertencentes à infraestrutura crítica nacional;

- Terrorismo, que é uma ameaça à paz e à segurança dos Estados. A temática é área de especial interesse e de acompanhamento sistemático pela Inteligência em âmbito mundial;
- Atividades ilegais envolvendo bens de uso dual e tecnologias sensíveis, que atingem países produtores desses bens e detentores dessas tecnologias, em especial nas áreas química, biológica e nuclear;
- Armas de destruição em massa, cuja potencial proliferação representa risco à paz mundial e aos países que abdicaram da opção por essas armas para sua defesa;
- Criminalidade organizada, que ameaça a todos os Estados e cuja incidência, notadamente em sua vertente transnacional, reforça a necessidade de aprofundar a cooperação;
- Corrupção, que é um fenômeno mundial capaz de produzir a erosão das instituições e o descrédito do Estado como agente a serviço do interesse nacional;
- Ações contrárias ao Estado Democrático de Direito, que atentam contra o pacto federativo; os direitos e as garantias fundamentais; a dignidade da pessoa humana; o bem-estar e a saúde da população; o pluralismo político; o meio ambiente e as infraestruturas críticas do País, além de outros atos ou atividades que representem ou possam representar risco aos preceitos constitucionais relacionados à integridade do Estado.

6.2 Oportunidades:

Consideram-se principais oportunidades aquelas que apresentam potencial capacidade de posicionar o País num outro patamar de competitividade e auxiliam na promoção e na defesa dos interesses do Estado e da sociedade brasileira:

Inserção do país no cenário internacional

Uma maior inserção internacional do Brasil tem potencial para ampliar a oferta de recursos tangíveis e intangíveis estratégicos para o desenvolvimento nacional. O acesso a tais recursos nem sempre ocorre de maneira automática. Cabe à Inteligência de Estado papel fundamental no sentido de mediar parte desse processo, elaborando análises prospectivas e gerando conhecimentos estratégicos que o viabilizem.

A maior exposição do País ao ambiente internacional exige, ainda, que a sociedade e o governo brasileiros estejam aptos a lidar com novas dinâmicas interestatais e com novos atores não estatais. Nesse sentido, o conhecimento produzido pelos órgãos que tratam da atividade de Inteligência auxilia no entendimento dessas realidades complexas.

Cooperação internacional

A interação externa proporciona, igualmente, oportunidades para a negociação de acordos nos mais variados temas, assim como para o debate e a resolução de problemas coletivos. À medida que se multiplicam fóruns que tratam de questões políticas, econômicas e diplomáticas, entre outras, que envolvem ou impactam o Brasil, a atividade de Inteligência será cada vez mais demandada a prestar assessoramento de alto nível às autoridades e às instituições brasileiras que participam desses mecanismos de articulação.

O crescimento da quantidade de iniciativas de cooperação internacional observado em diversas esferas das relações do Brasil com o mundo também é verificado na atividade de Inteligência. Nesse sentido, surgem oportunidades para o intercâmbio de informações em matérias de interesse comum com outros países, em especial os fronteiriços.

Desenvolvimento científico e tecnológico

O avanço da ciência e de suas aplicações práticas, por meio do desenvolvimento de novas tecnologias, estabelece os rumos em direção aos quais a realidade será transformada. Análises prospectivas permitirão ao País posicionar-se estrategicamente para extrair maiores benefícios para o seu desenvolvimento. Nesse contexto, a atividade de Inteligência assume missão importante na antecipação de movimentos e tendências mediante o acompanhamento da evolução científico-tecnológica.

Determinadas tecnologias podem representar ativos estratégicos para o desenvolvimento econômico nacional. Aparatos tecnológicos também podem prover novos instrumentos e ferramentas de trabalho para o próprio exercício da atividade de Inteligência. O acesso ao estado da arte em matéria científica e tecnológica é capaz de possibilitar ao País avançar no desenvolvimento socioeconômico e melhor posicionar-se em áreas em que atualmente não ocupa lugar de destaque.

Inteligência cibernética

O domínio das soluções tecnológicas mais avançadas para lidar com o espaço cibernético proporciona vantagens significativas às Nações. Nesse ambiente virtual de ameaças e oportunidades, países que se desenvolverem mais rapidamente se tornam mais aptos a alcançar os objetivos nacionais.

A adoção de atitudes não apenas defensivas, mas também proativas nessa área é capaz de proporcionar avanços significativos para os interesses do País.

Consolidação de rede logística e de infraestrutura de interesse nacional

A consolidação de rede logística e de infraestrutura possibilitará maior integração e desenvolvimento para o País, melhorando e ampliando o fluxo de bens, pessoas, recursos financeiros e informações entre as diversas localidades.

Por se tratar de empreendimentos estratégicos para o desenvolvimento nacional, a Inteligência pode contribuir para a melhor implantação dos projetos e a integridade das redes e das infraestruturas instaladas. Nesse sentido, análises estratégicas dos setores envolvidos, especialmente em relação às novas tecnologias utilizadas no mundo, serão produtos, cada vez mais, demandados para subsidiar o processo decisório em diferentes esferas governamentais.

7. Desafios:

Tendo como base as orientações da PNI e a análise do ambiente estratégico, no contexto interno e externo, surgem os desafios, que representam as questões de caráter estratégico e de grande relevância para que a atividade de Inteligência atue com eficácia em prol da segurança e dos interesses do Estado e da sociedade brasileira.

Os desafios, relacionados a seguir, reúnem os elementos considerados essenciais para que o Sistema de Inteligência realize sua Missão e alcance sua Visão:

- Fortalecimento da atuação integrada e coordenada da atividade de Inteligência

O aumento da demanda por conhecimentos e ações que possam auxiliar na defesa dos interesses do Estado e da sociedade brasileira requer atuação mais sinérgica do SISBIN.

O aprimoramento da atuação em rede se estabelece por meio de uma comunicação mais fluida, que favoreça o compartilhamento de conhecimentos para o alcance de objetivos comuns do Sistema. A definição mais clara e adequada de políticas, objetivos, responsabilidades e competências para o Sistema de Inteligência é fundamental para seu funcionamento mais eficaz.

- Fortalecimento de cultura de proteção do conhecimento e de preservação do sigilo

A preservação do sigilo e a proteção das fontes, dos agentes e do conhecimento sensível são determinantes para o cumprimento dos objetivos da Inteligência.

A cultura de proteção, inerente à atividade Inteligência, se estende para um campo maior, dentro do qual se incluem os ativos estratégicos nacionais, tanto materiais quanto imateriais, que apoiam o desenvolvimento da sociedade brasileira. O fortalecimento da proteção dos ativos do Estado e da sociedade brasileira é fundamental para que interferências externas não comprometam o interesse nacional.

➤ Ampliação e aperfeiçoamento do processo de capacitação para atuação na área de Inteligência

O desempenho consistente e efetivo da atividade de Inteligência exige profissionais qualificados e recursos compatíveis com os desafios que se apresentam.

A ampliação do processo de capacitação permite o aperfeiçoamento de técnicas, processos e competências, de modo a buscar a excelência e a inovação na atividade de Inteligência.

A capacidade de o Sistema de gerar valor depende diretamente da qualificação dos profissionais que nele atuam, viabilizada pelos investimentos em formação e atualização desses quadros.

➤ Maior utilização de tecnologia de ponta, especialmente no campo cibernético

A sociedade atual presencia crescente investimento em tecnologia da informação e comunicação (TIC). A virtualização do mundo e o desenvolvimento constante de todo aparato tecnológico são aspectos primordiais nas estratégias de atuação dos países. O investimento na atualização constante dos recursos tecnológicos necessários à atividade de Inteligência potencializa a eficácia do seu desempenho. Especialmente no espaço cibernético, tal investimento será decisivo para maior efetividade no combate às ameaças virtuais, na identificação de oportunidades e na antecipação de situações eventualmente danosas aos interesses nacionais.

➤ Intensificação do uso de tecnologias de tratamento e análise de grandes volumes de dados (*big data* e *analytics*)

O avanço tecnológico levou ao crescimento exponencial da quantidade de dados e informações disponíveis. Porém, essa quantidade, a diversidade e, muitas vezes, a desorganização tornam a interpretação desses dados e informações extremamente complexa.

O esforço aplicado na organização e na análise desse material, por meio de modelos e ferramentas adequados, contribui para a produção de conhecimentos diferenciados, capazes de promover resultados mais efetivos para a atividade de Inteligência.

➤ Ampliação da internacionalização da atividade de Inteligência brasileira

Para acompanhar a inserção internacional do País, oferecendo assessoramento tempestivo às demandas sobre temas de interesse no âmbito externo, a atividade de Inteligência deve ampliar a capacidade de representação e de realização de parcerias no exterior.

Essa internacionalização da atividade permite ainda maior interação com outros serviços congêneres, com benefícios importantes nos resultados finais.

➤ Apoio ao fortalecimento da inserção do país no cenário internacional

O aumento das relações políticas e econômicas entre os países, por meio de ações multilaterais ou bilaterais, e o surgimento de novos polos econômicos e centros de poder são mudanças estruturais no cenário internacional.

Ao Brasil interessa avançar no protagonismo internacional, participando de modo cada vez mais intenso desse ambiente de complexa transformação. Essa atuação oferece perspectivas de acordos, parcerias e entendimentos, porém também permite o surgimento de atritos.

À atividade de Inteligência cabe o desafio de contribuir com análises e conhecimentos úteis para uma participação mais efetiva do País nas interações internacionais.

➤ Apoio ao combate à corrupção, ao crime organizado, aos ilícitos transnacionais e ao terrorismo

A maior sofisticação da criminalidade, no âmbito nacional e internacional, e a dimensão mais global do terrorismo impõem desafios às ações de combate a essas ameaças, que muitas vezes ocorrem de forma articulada, inclusive compartilhando redes de atuação.

A capilaridade e as conexões das estruturas relacionadas a essas ameaças exigem soluções conjuntas, com a participação de diferentes atores governamentais. A produção de conhecimentos relevantes e oportunos pela atividade de Inteligência é condição para o sucesso do enfrentamento a essas ameaças.

- Monitoramento e enfrentamento eficaz de ações adversas contra interesses nacionais

As ameaças contra os interesses nacionais, promovidas por atores governamentais ou não governamentais, crescem em escala, diversidade e complexidade, muito apoiadas pelas alternativas proporcionadas pelo uso da tecnologia.

As ações adversas sob patrocínios cada vez mais difusos atentam contra a segurança do Estado e da sociedade brasileira, ameaçando o funcionamento e o desenvolvimento da Nação.

A proteção dos ativos nacionais depende de uma atividade de Inteligência que se contraponha com eficácia às ações adversas.

- Aprimoramento da legislação para a atividade de Inteligência

A legislação que trata da atividade de Inteligência deve proporcionar segurança a seus profissionais e beneficiários, além de garantias à sociedade em relação a seus direitos fundamentais.

O aprimoramento do conjunto normativo da atividade de Inteligência precisa combinar mecanismos indispensáveis para a prestação de contas com dispositivos apropriados para o exercício eficaz e responsável da atividade.

8. Eixos estruturantes:

A identificação dos Eixos Estruturantes é resultado da análise do ambiente estratégico e dos desafios da ENINT. Dessa avaliação se extraem quatro grandes eixos, que constituem os principais pilares para a efetividade da atividade de Inteligência.

Os eixos organizam os desafios, alinhando-os e estabelecendo vínculos, de modo a criar uma Estratégia organicamente coerente e coesa, que deve impulsionar o funcionamento do Sistema de Inteligência.

São Eixos Estruturantes da ENINT:

- Atuação em rede

Eixo que preconiza um modelo de trabalho coordenado, integrado e sinérgico, com a participação efetiva dos integrantes do Sistema, de modo a potencializar o cumprimento da Missão.

O Sistema deve praticar o compartilhamento de dados e conhecimentos, assim como realiza ações específicas conjuntas, sempre em prol dos interesses do Estado e da sociedade brasileira. Órgãos diferentes, com perspectivas de abordagem próprias, produzem soluções finais mais eficazes quando articulados em rede.

A atuação em rede exige também a responsabilidade pela adequada proteção de fontes, conhecimentos e profissionais, por meio da gestão eficaz dos riscos inerentes à atividade de Inteligência.

➤ Tecnologia e capacitação

Eixo que sustenta a necessidade de capacitação em alto nível para os profissionais de Inteligência, para que se promova, por consequência, a excelência da atividade de Inteligência.

Para o melhor desempenho da atividade, o Sistema deve prover treinamento e capacitação que maximize o potencial dos profissionais de Inteligência, desenvolvendo e aprimorando competências e habilidades capazes de torná-los preparados para desafios em constante transformação.

Da mesma forma, o investimento em tecnologias de ponta deve estar sempre presente nas pautas de discussões. O avanço tecnológico e a intensificação de tecnologias para tratamento e análise de dados permeiam e impactam fortemente a atividade de Inteligência. Nesse sentido, os profissionais devem dispor das ferramentas tecnológicas mais avançadas, que potencializem a resposta do seu trabalho.

O ambiente profissional da Inteligência ainda deve favorecer o compartilhamento de ideias, recursos e experiências, para que se estabeleçam as condições para a inovação e o uso de melhores práticas.

➤ Projeção internacional

Eixo que se fundamenta na importância da atividade de Inteligência para oferecer soluções capazes de alavancar a projeção política e econômica do Brasil.

Em uma nova ordem internacional, em constante transformação, o Brasil necessita estar inserido com protagonismo. Para isso, a Inteligência exerce papel fundamental para um melhor entendimento do mundo, em suas novas dinâmicas e relações.

O esforço de projeção do País deve contar com uma Inteligência cuja capilaridade garanta presença internacional, inclusive por meio de associação com parceiros estrangeiros.

- Segurança do Estado e da sociedade

Eixo que se apoia na convicção do papel central desempenhado pela atividade de Inteligência para a garantia da segurança e dos interesses do Estado e da sociedade brasileira.

A antecipação de fatos e situações que se caracterizam como ameaças à integridade da sociedade e do Estado, no âmbito nacional ou internacional, é essencial para que o processo de assessoria ao mais alto nível decisório do País seja eficaz.

Para que esse papel seja exercido de forma efetiva, a legislação deve ser adequada à especificidade da Inteligência, proporcionando as condições ideais para o exercício da atividade.

9. Objetivos estratégicos:

Com base nos desafios estratégicos identificados e nos eixos de sustentação da ENINT, foram definidos 33 objetivos para o desempenho eficaz da atividade de Inteligência, considerado o horizonte temporal de cinco anos.

Os objetivos a seguir apresentados, sem ordem de prioridade, retratam o foco estratégico para direcionar os esforços e sinalizam os resultados essenciais a serem atingidos pelo SISBIN no cumprimento da sua Missão:

- Aprimorar os processos e protocolos para comunicação e compartilhamento de informações.
- Mapear e gerenciar os principais processos a serem realizados no SISBIN.
- Definir e regular critérios para atuação conjunta e coordenada no âmbito do SISBIN.
- Criar protocolos conjuntos para proteção de conhecimentos sensíveis.
- Aperfeiçoar o processo de gestão de riscos.
- Fomentar a cultura de proteção do conhecimento na sociedade.
- Ampliar a capacidade do Estado na obtenção de dados por meio da Inteligência cibernética.
- Fortalecer a capacidade de pesquisa e desenvolvimento em tecnologia da informação e comunicação (TIC).
- Aprimorar a capacidade de desenvolver e implementar criptografia de Estado.
- Modernizar a infraestrutura de tecnologia da informação e comunicação (TIC).
- Ampliar a capacidade de obtenção e análise de grandes volumes de dados estruturados e não estruturados.

- Aprimorar a estruturação e o compartilhamento de bases de dados de Inteligência.
- Promover a interoperabilidade de bases de dados de interesse em nível nacional.
- Promover a integração entre as Escolas de Governo para ampliar a oferta de cursos relacionados à Inteligência e estruturar capacitações conjuntas.
- Estabelecer processo de gestão por competências para capacitação em Inteligência.
- Fortalecer a educação a distância (EAD).
- Promover a qualificação técnica para proteção e exploração do campo cibernético.
- Aumentar a representação da atividade de Inteligência no exterior.
- Incrementar a interação do SISBIN com os demais sistemas de inteligência em temas de interesse.
- Aperfeiçoar a qualificação de adidos e demais agentes diplomáticos.
- Aumentar a participação em fóruns, eventos e encontros internacionais.
- Ampliar as redes de parcerias e incrementar os acordos de cooperação internacional.
- Apoiar as instituições brasileiras em sua atuação no exterior.
- Ampliar o intercâmbio de informações entre os órgãos brasileiros com atuação no exterior.
- Consolidar a atividade de Inteligência em questões externas estratégicas.
- Estabelecer temas prioritários para produção de conhecimentos referentes às seguintes ameaças: corrupção, crime organizado, ilícitos transnacionais e terrorismo.
- Aprimorar os meios de compartilhamento de informações sobre as seguintes ameaças: corrupção, crime organizado, ilícitos transnacionais e terrorismo.
- Criar protocolos específicos para atuação integrada do SISBIN em relação às seguintes ameaças: corrupção, crime organizado, ilícitos transnacionais e terrorismo.
- Identificar os principais temas de interesse nacional para defesa contra ações adversas externas.
- Estabelecer sistema de alerta para prevenção de potenciais ações adversas.
- Criar protocolos específicos para atuação integrada visando a neutralização de ações adversas.
- Acompanhar e apoiar o processo legislativo nos temas de interesse da atividade de Inteligência.
- Aperfeiçoar o marco legal da atividade de Inteligência.

O quadro sintético a seguir mostra as correlações entre os eixos estruturantes, os desafios e os objetivos estratégicos.

É importante ressaltar que a distribuição de desafios e objetivos pelos Eixos se realizou com base nos vínculos mais nítidos e fortes, porém, na dinâmica de interações desses três elementos, existe uma transversalidade que lhe é própria. Objetivos podem impactar vários desafios, que, por sua vez, podem se associar a diferentes eixos, fruto da natureza orgânica da Estratégia:

Tabela 1 – Correlações entre os eixos estruturantes, os desafios e os objetivos estratégicos

EIXOS ESTRUTURANTES	DESAFIOS	OBJETIVOS ESTRATÉGICOS
1. Atuação em rede	1.1 Fortalecimento da atuação integrada e coordenada da atividade de Inteligência	- Aprimorar os processos e protocolos para comunicação e compartilhamento de informações - Mapear e gerenciar os principais processos a serem realizados no SISBIN - Definir e regular critérios para atuação conjunta e coordenada no âmbito do SISBIN
	1.2 Fortalecimento de cultura de proteção do conhecimento e de preservação do sigilo	- Criar protocolos conjuntos para proteção de conhecimentos sensíveis - Aperfeiçoar o processo de gestão de riscos - Fomentar a cultura de proteção do conhecimento na sociedade
2. Tecnologia e capacitação	2.1 Maior utilização de tecnologias de ponta, especialmente no campo cibernético	- Ampliar a capacidade do Estado na obtenção de dados por meio da Inteligência cibernética - Fortalecer a capacidade de pesquisa e desenvolvimento em tecnologia da informação e comunicação (TIC) - Aprimorar a capacidade de desenvolver e implementar criptografia de Estado - Modernizar a infraestrutura de tecnologia da informação e comunicação (TIC)
	2.2 Intensificação do uso de tecnologias de tratamento e análise de grandes volumes de dados (*big data* e *analytics)*	- Ampliar a capacidade de obtenção e análise de grandes volumes de dados estruturados e não estruturados - Aprimorar a estruturação e o compartilhamento de bases de dados de Inteligência - Promover a interoperabilidade de bases de dados de interesse em nível nacional
	2.3 Ampliação e aperfeiçoamento do processo de capacitação para atuação na área de Inteligência	- Promover a integração entre as Escolas de Governo para ampliar a oferta de cursos relacionados à Inteligência e estruturar capacitações conjuntas - Estabelecer processo de gestão por competências para capacitação em Inteligência - Fortalecer a educação a distância (EAD) - Promover a qualificação técnica para proteção e exploração do campo cibernético

EIXOS ESTRUTURANTES	DESAFIOS	OBJETIVOS ESTRATÉGICOS
3. Projeção internacional	3.1 Ampliação da internacionalização da atividade de Inteligência brasileira	- Aumentar a representação da atividade de Inteligência no exterior - Incrementar a interação do SISBIN com os demais sistemas de inteligência em temas de interesse - Aperfeiçoar a qualificação de adidos e demais agentes diplomáticos - Aumentar a participação em fóruns, eventos e encontros internacionais
	3.2 Apoio ao fortalecimento da inserção do País no cenário internacional	- Ampliar as redes de parcerias e incrementar os acordos de cooperação internacional - Apoiar as instituições brasileiras em sua atuação no exterior - Ampliar o intercâmbio de informações entre os órgãos brasileiros com atuação no exterior - Consolidar a atividade de Inteligência em questões externas estratégicas
4. Segurança do Estado e da sociedade	4.1 Apoio ao combate à corrupção, ao crime organizado, aos ilícitos transnacionais e ao terrorismo	- Estabelecer temas prioritários para produção de conhecimentos referentes às seguintes ameaças: corrupção, crime organizado, ilícitos transnacionais e terrorismo - Aprimorar os meios de compartilhamento de informações sobre as seguintes ameaças: corrupção, crime organizado, ilícitos transnacionais e terrorismo - Criar protocolos específicos para atuação integrada do SISBIN em relação às seguintes ameaças: corrupção, crime organizado, ilícitos transnacionais e terrorismo
	4.2 Monitoramento e enfrentamento eficaz de ações adversas contra interesses nacionais	- Identificar os principais temas de interesse nacional para defesa contra ações adversas externas - Estabelecer sistema de alerta para prevenção de potenciais ações adversas - Criar protocolos específicos para atuação integrada visando a neutralização de ações adversas
	4.3 Aprimoramento da legislação para a atividade de Inteligência	- Acompanhar e apoiar o processo legislativo nos temas de interesse da atividade de Inteligência - Aperfeiçoar o marco legal da atividade de Inteligência

9.1 Orientadores:

São apresentadas, a seguir, orientações que devem ser consideradas e adotadas, quando do desdobramento dos objetivos da ENINT no Plano Nacional de Inteligência, para garantir a atuação integrada e coordenada do SISBIN e a entrega de resultados que impactem positivamente o Estado e a sociedade brasileira. Os orientadores direcionam os esforços para questões essenciais e, apesar dos diferentes enfoques, devem ser considerados de forma integrada, a fim de que as ações subsequentes estejam em harmonia com os objetivos definidos:

- Aperfeiçoamento do fluxo de produção de conhecimentos sobre ameaças e oportunidades;
- Direcionamento da produção de conhecimentos para temas priorizados;
- Intercâmbio em capacitação e de conhecimentos sobre tecnologia da informação e comunicação, especialmente no campo cibernético, com os setores privado e público, acadêmico e com outros países;
- Fortalecimento dos sistemas de segurança da informação em estruturas críticas do País;
- Desenvolvimento integrado de soluções que atendam às diversas necessidades do SISBIN no campo tecnológico;
- Aproximação e cooperação com entes privados que custodiem informações de interesse para a atividade de Inteligência;
- Maior interação com Estados e organismos estrangeiros;
- As interações com estrangeiros devem atentar para questões de contrainteligência;
- Compartilhamento do conhecimento com as instituições e órgãos brasileiros que atuam no exterior;
- Ampliação da interação com a sociedade, órgãos representativos e com o Poder Legislativo;
- Intercâmbio de melhores práticas na atividade de Inteligência entre os órgãos do SISBIN;
- Compatibilização de plataformas de educação a distância das Escolas de Governo;
- Proteção adequada de fontes, técnicas, conhecimentos e profissionais;
- Responsabilização pela quebra de sigilo dos conhecimentos compartilhados;
- Sensibilização para a importância da proteção do conhecimento; e
- Atuação integrada entre as assessorias parlamentares e jurídicas dos órgãos do SISBIN.

10. Implementação da Estratégia

A ENINT define a direção a ser seguida e consolida os objetivos estratégicos a serem alcançados, contudo, é na implementação integrada das ações que a Estratégia se consolidará. A implementação se dará com a elaboração e a consecução do Plano Nacional de Inteligência. O Plano será o documento que explicitará a forma de se atingir o que a ENINT propõe e onde serão definidos os parâmetros de atuação dos órgãos do SISBIN.

Para a estruturação do Plano Nacional de Inteligência, deverá ser elaborada uma matriz de responsabilidades que contemple o conjunto de ações e metas estipuladas para o cumprimento dos objetivos da Estratégia. Além disso, o Plano deverá contar com mecanismos de acompanhamento da execução das ações e do atingimento de metas, conferindo, assim, maior legitimidade à atuação do SISBIN.

A elaboração e consolidação do Plano Nacional de Inteligência será um processo liderado pelo Conselho Consultivo do Sistema Brasileiro de Inteligência (Consisbin) e deverá abranger todo o Sistema. O Consisbin monitorará, ainda, a implementação do Plano e se reunirá periodicamente para discutir o andamento das ações e propor as medidas corretivas necessárias.

11. Conclusão

A capacidade do Sistema de Inteligência de compreender o ambiente estratégico onde está inserido e fazer as escolhas corretas e necessárias determina sua força competitiva e sua competência para promover e defender os interesses do Estado e da sociedade brasileira.

A ENINT teve esse propósito. Mapear o ambiente, identificando as forças, os pontos de melhoria, as ameaças e as oportunidades para o pleno desenvolvimento da atividade de Inteligência e para o desenvolvimento do País. As escolhas feitas e as prioridades estabelecidas, sempre tendo como base as orientações emanadas da PNI, tiveram como finalidade deixar claro qual o caminho a ser seguido e em que condições essa trajetória ocorrerá.

A definição dos desafios e dos eixos demonstra claramente isso, uma vez que foi baseada em escolhas criteriosas das prioridades mais estruturantes.

Nesse sentido, é importante ressaltar que, para o atingimento dos objetivos aqui definidos, o Plano Nacional de Inteligência assume papel fundamental. Implementar as definições estratégicas significa adotar ações que materializem a entrega do valor para o Estado e a sociedade brasileira, de forma eficiente e oportuna, e demonstra a habilidade do Sistema de tornar a sua estratégia efetiva.

Decreto nº 8.793, de 29 de junho de 2016[92]

Fixa a Política Nacional de Inteligência.

O VICE-PRESIDENTE DA REPÚBLICA, no exercício do cargo de Presidente da República, no uso das atribuições que lhe confere o art. 84, *caput*, inciso VI, alínea "a", da Constituição,

DECRETA:

Art. 1º A Política Nacional de Inteligência – PNI, fixada na forma do Anexo, visa a definir os parâmetros e os limites de atuação da atividade de inteligência e de seus executores no âmbito do Sistema Brasileiro de Inteligência, nos termos estabelecidos pela Lei nº 9.883, de 7 de dezembro de 1999.

Art. 2º Compete ao Gabinete de Segurança Institucional da Presidência da República a coordenação das atividades de inteligência no âmbito da administração pública federal.

Art. 3º Os órgãos e as entidades da administração pública federal deverão considerar, em seus planejamentos, as ações que concorram para o fortalecimento do Sistema Brasileiro de Inteligência.

Art. 4º Este Decreto entra em vigor na data de sua publicação.

Brasília, 29 de junho de 2016; 195º da Independência e 128º da República.

MICHEL TEMER
Sergio Westphalen Etchegoyen

Este texto não substitui o publicado no DOU de 30.6.2016

1 INTRODUÇÃO

A Política Nacional de Inteligência (PNI), documento de mais alto nível de orientação da atividade de Inteligência no País, foi concebida em função dos valores e princípios fundamentais consagrados pela Constituição Federal, das obrigações decorrentes dos tratados, acordos e demais instrumentos internacionais de que o Brasil é parte, das condições de inserção internacional do País e de sua organização social, política e econômica. É fixada pelo Presidente da República, após

92 BRASIL. Decreto nº 8.793, de 29 de junho de 2016. Fixa a Política Nacional de Inteligência. Disponível em: <http://www.planalto.gov.br/ccivil_03/_ato2015-2018/2016/decreto/D8793.htm>. Acesso em: 11 maio 2018.

exame e sugestões do competente órgão de controle externo da atividade de Inteligência, no âmbito do Congresso Nacional.

A PNI define os parâmetros e limites de atuação da atividade de Inteligência e de seus executores e estabelece seus pressupostos, objetivos, instrumentos e diretrizes, no âmbito do Sistema Brasileiro de Inteligência (SISBIN).

Para efeito da implementação da PNI, adotam-se os seguintes conceitos:

Atividade de Inteligência: exercício permanente de ações especializadas, voltadas para a produção e difusão de conhecimentos, com vistas ao assessoramento das autoridades governamentais nos respectivos níveis e áreas de atribuição, para o planejamento, a execução, o acompanhamento e a avaliação das políticas de Estado. A atividade de Inteligência divide-se, fundamentalmente, em dois grandes ramos:

I - Inteligência: atividade que objetiva produzir e difundir conhecimentos às autoridades competentes, relativos a fatos e situações que ocorram dentro e fora do território nacional, de imediata ou potencial influência sobre o processo decisório, a ação governamental e a salvaguarda da sociedade e do Estado;

II - Contrainteligência: atividade que objetiva prevenir, detectar, obstruir e neutralizar a Inteligência adversa e as ações que constituam ameaça à salvaguarda de dados, conhecimentos, pessoas, áreas e instalações de interesse da sociedade e do Estado.

2 PRESSUPOSTOS DA ATIVIDADE DE INTELIGÊNCIA

2.1 Obediência à Constituição Federal e às Leis

A Inteligência desenvolve suas atividades em estrita obediência ao ordenamento jurídico brasileiro, pautando-se pela fiel observância aos Princípios, Direitos e Garantias Fundamentais expressos na Constituição Federal, em prol do bem-comum e na defesa dos interesses da sociedade e do Estado Democrático de Direito.

2.2 Atividade de Estado

A Inteligência é atividade exclusiva de Estado e constitui instrumento de assessoramento de mais alto nível de seus sucessivos governos, naquilo que diga respeito aos interesses da sociedade brasileira. Deve atender precipuamente ao Estado, não se colocando a serviço de grupos, ideologias e objetivos mutáveis e sujeitos às conjunturas político-partidárias.

2.3 Atividade de assessoramento oportuno

À Inteligência compete contribuir com as autoridades constituídas, fornecendo-lhes informações oportunas, abrangentes e confiáveis, necessárias ao exercício do processo decisório.

Cumpre à Inteligência acompanhar e avaliar as conjunturas interna e externa, buscando identificar fatos ou situações que possam resultar em ameaças ou riscos aos interesses da sociedade e do Estado. O trabalho da Inteligência deve permitir que o Estado, de forma antecipada, mobilize os esforços necessários para fazer frente às adversidades futuras e para identificar oportunidades à ação governamental.

2.4 Atividade especializada

A Inteligência é uma atividade especializada e tem o seu exercício alicerçado em um conjunto sólido de valores profissionais e em uma doutrina comum.

A atividade de Inteligência exige o emprego de meios sigilosos, como forma de preservar sua ação, seus métodos e processos, seus profissionais e suas fontes. Desenvolve ações de caráter sigiloso destinadas à obtenção de dados indispensáveis ao processo decisório, indisponíveis para coleta ordinária em razão do acesso negado por seus detentores. Nesses casos, a atividade de Inteligência executa *operações de Inteligência* – realizadas sob estrito amparo legal –, que buscam, por meio do emprego de técnicas especializadas, a obtenção do dado negado.

2.5 Conduta Ética

A Inteligência pauta-se pela conduta ética, que pressupõe um conjunto de princípios orientadores do comportamento humano em sociedade. A sua observância é requisito fundamental a profissionais de qualquer campo de atividade humana. No que concerne ao comportamento dos profissionais de Inteligência, representa o cuidado com a preservação dos valores que determinam a primazia da verdade, sem conotações relativas, da honra e da conduta pessoal ilibada, de forma clara e sem subterfúgios.

Na atividade de Inteligência, os valores éticos devem balizar tanto os limites de ação de seus profissionais quanto os de seus usuários. A adesão incondicional a essa premissa é o que a sociedade espera de seus dirigentes e servidores.

2.6 Abrangência

A atividade de Inteligência deve possuir abrangência tal que lhe possibilite identificar ameaças, riscos e oportunidades ao País e à sua população.

É importante que as capacidades individuais e coletivas, disponíveis nas universidades, centros de pesquisa e demais instituições e organizações públicas ou privadas, colaborem com a Inteligência, potencializando sua atuação e contribuindo com a sociedade e o Estado na persecução de seus objetivos.

2.7 Caráter permanente

A Inteligência é uma atividade perene e sua existência confunde-se com a do Estado ao qual serve. A necessidade de assessorar o processo decisório e de salvaguardar os ativos estratégicos da Nação é ditada pelo Estado, em situações de paz, de conflito ou de guerra.

3 O ESTADO, A SOCIEDADE E A INTELIGÊNCIA

No mundo contemporâneo, a gestão dos negócios de Estado ocorre no curso de uma crescente evolução tecnológica, social e gerencial. Em igual medida, as opiniões, interesses e demandas da sociedade evoluem com celeridade. Nessas condições, amplia-se o papel da Inteligência no assessoramento ao processo decisório nacional e, simultaneamente, impõe-se aos profissionais dessa atividade o desafio de reavaliar, de forma ininterrupta, sua contribuição àquele processo no contexto da denominada "era da informação". Em meio a esse cenário, há maior disponibilidade de informações acerca de temas de interesse, exigindo dos órgãos de Inteligência atuação não concorrente, bem como a produção de análises com maior valor agregado.

O desenvolvimento das tecnologias da informação e das comunicações impõe a atualização permanente de meios e métodos, obrigando os órgãos de Inteligência - no que se refere à segurança dos sistemas de processamento, armazenamento e proteção de dados sensíveis - a resguardar o patrimônio nacional de ataques cibernéticos e de outras ações adversas, cada vez mais centradas na área econômico-tecnológica. A crescente interdependência dos processos produtivos e dos sistemas de controle da tecnologia da informação e comunicações desperta preocupação quanto à segurança do Estado e da sociedade, em decorrência da vulnerabilidade a ataques eletrônicos, ensejando atenção permanente da Inteligência em sua proteção.

Os atuais cenários internacional e nacional revelam peculiaridades que induzem a atividade de Inteligência a redefinir suas prioridades, dentre as quais adquirem preponderância aquelas relacionadas a questões econômico-comerciais e científico-tecnológicas. Nesse contexto, assumem contornos igualmente preocupantes os aspectos relacionados com a espionagem, propaganda adversa, desinformação, a sabotagem e a cooptação.

Paralelamente, potencializa-se o interesse da Inteligência frente a fenômenos como: violência, em larga medida financiada por organizações criminosas ligadas ao narcotráfico; crimes financeiros internacionais; violações dos direitos humanos; terrorismo e seu financiamento; e atividades ilegais envolvendo o comércio de bens de uso dual e de tecnologias sensíveis, que desafiam os Estados democráticos.

Ao desenvolverem o seu trabalho, os órgãos de Inteligência devem, também, atentar para a identificação de oportunidades que possam surgir para o Estado, indicando-as às autoridades detentoras de poder decisório.

A crescente complexidade das relações entre Estados e desses com as sociedades define o ambiente onde atua a Inteligência. Ameaças à segurança da sociedade e do Estado demandam ações preventivas concertadas entre os organismos de Inteligência de diferentes países, e desses com suas estruturas internas. Esse universo acentua a importância do compartilhamento de informações e do trabalho coordenado e integrado, de forma a evitar a deflagração de crises em áreas de interesse estratégico para o Estado ou, quando inevitável, a oferecer às autoridades o assessoramento capaz de permitir o seu adequado gerenciamento.

4 OS AMBIENTES INTERNACIONAL E NACIONAL

A conjuntura mundial tem alterado a percepção e a conduta dos Estados nacionais, das organizações e dos indivíduos, realçando os chamados temas globais e transnacionais. Alguns deles, já anteriormente citados, encerram desafios e graves ameaças, a exemplo de: criminalidade organizada; narcotráfico; terrorismo e seu financiamento; armas de destruição em massa; e atividades ilegais envolvendo comércio de bens de uso dual e de tecnologias sensíveis. Nenhum dos problemas associados a esses temas globais pode ser evitado ou enfrentado sem efetiva cooperação internacional.

No entanto, as relações internacionais não se resumem ao exame de temas de convergência e a ações cooperativas, e as denominadas ameaças transnacionais não logram unir e congraçar os Estados em torno de interesses e objetivos comuns. O ambiente internacional caracteriza-se, ao contrário, pela contínua competição entre Estados. Cada um busca melhorar seu respectivo posicionamento estratégico.

O Brasil assume crescente relevância no cenário internacional. No campo econômico, integra um bloco de países que apresenta considerável potencial de crescimento e capacidade de atração de investimentos produtivos. Na área comercial, emerge como destacado exportador de produtos primários e de produtos de alto valor agregado. Conquistada a estabilidade econômica, sua moeda ganha credibilidade, seu sistema bancário goza de sólida reputação e sua estrutura regulatória sobressai entre as mais confiáveis do mundo.

No campo político-militar, o País contribui para a estabilidade regional, a construção de consensos e a conciliação de interesses, por meio de iniciativas de integração sul-americana. Concorre para o êxito das operações de manutenção da paz da Organização das Nações Unidas (ONU) e dispõe-se a assumir novas responsabilidades no âmbito dessa organização.

Esse cenário projeta benefícios para a população brasileira sob todos os aspectos, especialmente nos campos político, econômico e social. Também torna o País suscetível à perpetração de ações adversas de vários tipos, quer no âmbito interno, quer externo.

Cumpre ressaltar que a complexidade global já não permite clara diferenciação de aspectos internos e externos na identificação da origem das ameaças e aponta, cada vez mais, para a necessidade de que sejam entendidas, analisadas e avaliadas de forma integrada.

Afigura-se, assim, imprescindível o delineamento de uma Política capaz de orientar e balizar a atividade de Inteligência do País, visando ao adequado assessoramento ao processo decisório nacional de forma singular, oportuna e eficaz. Esse instrumento de gestão pública deve guardar perfeita sintonia com os preceitos da Política Externa Brasileira e com os interesses estratégicos definidos pelo Estado, como aqueles consignados na Política de Defesa Nacional e na Estratégia Nacional de Defesa.

É necessário, ainda, ampliar o desenvolvimento de ações de proteção dos conhecimentos sensíveis e da infraestrutura crítica nacional, bem como contrapor-se ao surgimento de ameaças representadas tanto por serviços de Inteligência quanto por grupos de interesse, organizações ou indivíduos que atuem de forma adversa aos interesses estratégicos nacionais.

5 INSTRUMENTOS

Para efeito da presente Política, consideram-se instrumentos da Inteligência os atos normativos, instituições, métodos, processos, ações e recursos necessários à implementação dos seus objetivos.

São instrumentos essenciais da Inteligência nacional:

I - Plano Nacional de Inteligência;

II - Doutrina Nacional de Inteligência;

III - diretivas e prioridades estabelecidas pelas autoridades competentes;

IV - SISBIN e órgãos de Inteligência que o integram;

V - intercâmbio de dados e conhecimentos no âmbito do SISBIN, nos termos da legislação em vigor;

VI - planejamento integrado do regime de cooperação entre órgãos integrantes do SISBIN;

VII - capacitação, formação e desenvolvimento de pessoas para a atividade de Inteligência;

VIII - pesquisa e desenvolvimento tecnológico para as áreas de Inteligência e Contrainteligência;

IX - ajustes de cooperação mediante instrumentos específicos entre órgãos ou entidades integrantes da Administração Pública Federal (APF), das Unidades da Federação ou da iniciativa privada;

X - recursos financeiros necessários à consecução das atividades de Inteligência;

XI - controle interno e externo da atividade de Inteligência; e

XII - intercâmbio de Inteligência e cooperação técnica internacionais.

6 PRINCIPAIS AMEAÇAS

Para efeito da presente Política, consideram-se principais ameaças aquelas que apresentam potencial capacidade de pôr em perigo a integridade da sociedade e do Estado e a segurança nacional do Brasil.

A PNI, para o balizamento das atividades dos diversos órgãos que integram o Sistema Brasileiro de Inteligência (SISBIN), prioriza as ameaças a seguir apresentadas.

6.1 Espionagem

É a ação que visa à obtenção de conhecimentos ou dados sensíveis para beneficiar Estados, grupos de países, organizações, facções, grupos de interesse, empresas ou indivíduos.

Ações de espionagem podem afetar o desenvolvimento socioeconômico e comprometer a soberania nacional. Há instituições e empresas brasileiras vulneráveis à espionagem, notadamente aquelas que atuam nas áreas econômico-financeira e científico-tecnológica. O acesso indevido a dados e conhecimentos sensíveis em desenvolvimento, bem como a interceptação ilegal de comunicações entre organizações para a obtenção de informações estratégicas, têm sido recorrentes e causado significativa evasão de divisas.

6.2 Sabotagem

É a ação deliberada, com efeitos físicos, materiais ou psicológicos, que visa a destruir, danificar, comprometer ou inutilizar, total ou parcialmente, definitiva ou temporariamente, dados ou conhecimentos; ferramentas; materiais; matérias-primas; equipamentos; cadeias produtivas; instalações ou sistemas logísticos, sobretudo aqueles necessários ao funcionamento da infraestrutura crítica do País, com o objetivo de suspender ou paralisar o trabalho ou a capacidade de satisfação das necessidades gerais, essenciais e impreteríveis do Estado ou da população.

A projeção internacional do País e sua influência em vários temas globais atraem a atenção daqueles cujas pretensões se veem ameaçadas pelo processo de desenvolvimento nacional. A ocorrência de ações de sabotagem pode impedir ou dificultar a consecução de interesses estratégicos brasileiros.

6.3 Interferência Externa

É a atuação deliberada de governos, grupos de interesse, pessoas físicas ou jurídicas que possam influenciar os rumos políticos do País com o objetivo de favorecer interesses estrangeiros em detrimento dos nacionais.

É prejudicial à sociedade brasileira que ocorra interferência externa no processo decisório ou que autoridades brasileiras sejam levadas a atuar contra os interesses nacionais e em favor de objetivos externos antagônicos. A interferência externa é uma ameaça frontal ao princípio constitucional da soberania.

Deve constituir também motivo de constante atenção e preocupação a eventual presença militar extrarregional na América do Sul, podendo ser caracterizada como ameaça à estabilidade regional.

6.4 Ações contrárias à Soberania Nacional

São ações que atentam contra a autodeterminação, a não ingerência nos assuntos internos e o respeito incondicional à Constituição e às leis.

Deve constituir preocupação constante do Estado e de seus governantes, e requerer a atenção da Inteligência nacional, a violação: dos espaços territorial e aéreo brasileiros; de suas fronteiras marítimas e terrestres; da segurança dos navios e aeronaves de bandeira brasileira, à luz das Convenções em vigor no País; dos direitos exclusivos sobre sua plataforma continental; do seu direito sobre seus recursos naturais; e do seu direito soberano de regular a exploração e de usufruir de sua biodiversidade.

6.5 Ataques cibernéticos

Referem-se a ações deliberadas com o emprego de recursos da tecnologia da informação e comunicações que visem a interromper, penetrar, adulterar ou destruir redes utilizadas por setores públicos e privados essenciais à sociedade e ao Estado, a exemplo daqueles pertencentes à infraestrutura crítica nacional.

Os prejuízos das ações no espaço cibernético não advêm apenas do comprometimento de recursos da tecnologia da informação e comunicações. Decorrem, também, da manipulação de opiniões, mediante ações de propaganda ou de desinformação.

Há países que buscam abertamente desenvolver capacidade de atuação na denominada guerra cibernética, ainda que os ataques dessa natureza possam ser conduzidos não apenas por órgãos governamentais, mas também por grupos e organizações criminosas; por simpatizantes de causas específicas; ou mesmo por nacionais que apoiem ações antagônicas aos interesses de seus países.

6.6 Terrorismo

É uma ameaça à paz e à segurança dos Estados. O Brasil solidariza-se com os países diretamente afetados por este fenômeno, condena enfaticamente as ações terroristas e é signatário de todos os instrumentos internacionais sobre a matéria. Implementa as resoluções pertinentes do Conselho de Segurança da Organização das Nações Unidas. A temática é área de especial interesse e de acompanhamento sistemático por parte da Inteligência em âmbito mundial.

A prevenção e o combate a ações terroristas e a seu financiamento, visando a evitar que ocorram em território nacional ou que este seja utilizado para a prática daquelas ações em outros países, somente serão possíveis se realizados de forma coordenada e compartilhada entre os serviços de Inteligência nacionais e internacionais e, em âmbito interno, em parceria com os demais órgãos envolvidos nas áreas de defesa e segurança.

6.7 Atividades ilegais envolvendo bens de uso dual e tecnologias sensíveis

São ameaças crescentes que atingem países produtores desses bens e detentores dessas tecnologias, em especial nas áreas química, biológica e nuclear. O Brasil insere-se nesse contexto. As redes criminosas e terroristas buscam ter acesso, na maioria das vezes de forma regular, porém dissimulada, a esses bens e tecnologias. Para tanto, utilizam-se, entre outros meios, de empresas ou instituições de fachada criadas legalmente ao redor do mundo para tentar burlar controles executados por órgãos de Inteligência e de repressão em conformidade com a legislação brasileira e com os compromissos internacionais assumidos pelo País.

O trabalho da Inteligência nessa área é identificar essas redes, grupos, empresas ou instituições, seus *modus operandi* e objetivos ao tentar ter acesso a bens de uso dual e tecnologias sensíveis, assim como aos detentores desses conhecimentos.

O controle das tecnologias de uso dual deve dar-se de modo a preservar o direito ao desenvolvimento científico e tecnológico para fins pacíficos, de acordo com os instrumentos internacionais incorporados ao ordenamento jurídico nacional. O País adota legislação avançada de controle de transferência dessas tecnologias.

6.8 Armas de Destruição em Massa

Constituem ameaça que atinge a todos os países. A existência de armas de destruição em massa (químicas, biológicas e nucleares) é, em si mesma, uma fonte potencial de proliferação, além de representar risco à paz mundial e aos países que abdicaram da opção por essas armas para sua defesa.

Para contrapor-se à ameaça representada pelas armas de destruição em massa, sobressaem dois imperativos: a não proliferação e a eliminação dos estoques existentes.

A implementação de ações de Inteligência nessa área é fator determinante e contribui para a proteção da população brasileira e das infraestruturas críticas em território nacional contra possíveis efeitos do emprego de armas ou artefatos produzidos a partir desses bens ou tecnologias.

6.9 Criminalidade Organizada

É ameaça a todos os Estados e merece atenção especial dos órgãos de Inteligência e de repressão nacionais e internacionais. A incidência desse fenômeno, notadamente em sua vertente transnacional, reforça a necessidade de aprofundar a cooperação. Apesar dos esforços individuais e coletivos das nações, não se projetam resultados que apontem para a redução desse flagelo global em curto e médio prazo.

A atuação cada vez mais integrada nas vertentes preventiva (Inteligência) e reativa (Policial) mostra ser a forma mais efetiva de enfrentar esse fenômeno, inclusive no que diz respeito a subsidiar os procedimentos de identificação e interrupção dos fluxos financeiros que lhe dão sustentação. Atualmente, a grande maioria dos países desenvolve e aprofunda o intercâmbio de dados e conhecimentos entre os órgãos de Inteligência e de repressão em âmbito nacional e internacional.

6.10 Corrupção

A corrupção é um fenômeno mundial capaz de produzir a erosão das instituições e o descrédito do Estado como agente a serviço do interesse nacional. Pode ter, nos polos ativo e passivo, agentes públicos e privados.

Cabe à Inteligência cooperar com os órgãos de controle e com os governantes na prevenção, identificação e combate à corrupção em suas diversas manifestações, inclusive quando advindas do campo externo, que colocam em risco o interesse público.

6.11 Ações Contrárias ao Estado Democrático de Direito

Representam ameaça que deve merecer especial atenção de todos os entes governamentais, em particular daqueles com atribuições institucionais de garantir a defesa do Estado Democrático de Direito.

As ações contrárias ao Estado Democrático de Direito são aquelas que atentam contra o pacto federativo; os direitos e garantias fundamentais; a dignidade da pessoa humana; o bem-estar e a saúde da população; o pluralismo político; o meio ambiente e as infraestruturas críticas do País, além de outros atos ou atividades que representem ou possam representar risco aos preceitos constitucionais relacionados à integridade do Estado.

Identificar essas ações e informar às autoridades governamentais competentes é tarefa primordial da atividade de Inteligência, que assim estará proporcionando aos governantes o subsídio adequado e necessário ao processo de tomada de decisão.

7 OBJETIVOS DA INTELIGÊNCIA NACIONAL

Contribuir para a promoção da segurança e dos interesses do Estado e da sociedade brasileira, por meio de atividades e da produção de conhecimentos de Inteligência que possibilitem:

I – acompanhar e avaliar as conjunturas interna e externa, assessorando o processo decisório nacional e a ação governamental;

II – identificar fatos ou situações que possam resultar em ameaças, riscos ou oportunidades;

III - neutralizar ações da Inteligência adversa;

IV - proteger áreas e instalações, sistemas, tecnologias e conhecimentos sensíveis, bem como os detentores desses conhecimentos; e

V - conscientizar a sociedade para o permanente aprimoramento da atividade de Inteligência.

8 DIRETRIZES

8.1 Prevenir ações de espionagem no País

O desenvolvimento de ações destinadas à obtenção de dados protegidos é fato usual e consolidado nas relações internacionais.

A diversidade de interesses e iniciativas com impacto regional e global vem aumentando continuamente.

Segredos militares, industriais (inovação e tecnologia) e de política externa são alvos preferenciais da espionagem estrangeira. Faz-se necessário identificar, avaliar e interpretar posturas externas, elencando aquelas que representem ameaças, prejuízos e comprometimento das políticas e planos nacionais.

8.2 Ampliar a capacidade de detectar, acompanhar e informar sobre ações adversas aos interesses do Estado no exterior

O Brasil vem ampliando a sua atuação no cenário internacional e, não raro, ações de interesse estratégico para o País são executadas em regiões com elevado nível de tensão política e social ou em áreas de conflito.

Paralelamente, a cooperação técnico-científica mundial demanda a presença de especialistas brasileiros em vários pontos dos cinco continentes.

Nesse cenário, torna-se imprescindível para a Inteligência conhecer as principais ameaças e vulnerabilidades a que estão sujeitas as posições e os interesses nacionais no exterior, como forma de bem assessorar o chefe de Estado e os órgãos responsáveis pela consecução dos objetivos no exterior.

8.3 Prevenir ações de sabotagem

A posição mais relevante do País no cenário internacional aumenta o risco de se tornar alvo de ações de sabotagem, que visam a impedir ou a dificultar a consecução de seus interesses estratégicos.

As consequências de atos de sabotagem podem situar-se em pontos distintos de uma ampla escala, que vão da suspensão temporária até a paralisação total de atividades e serviços essenciais à população e ao Estado.

Dessa forma, é necessário mapear os alvos potenciais para atos de sabotagem, com o intuito de detectar o planejamento de ações dessa natureza em seus estágios iniciais.

8.4 Expandir a capacidade operacional da Inteligência no espaço cibernético

O funcionamento de um aparato estatal não pode prescindir da utilização de tecnologias da informação e das comunicações. O comprometimento da capacidade operacional do Estado e de sistemas computacionais essenciais ao provimento das necessidades básicas da sociedade deve ser preocupação permanente, exigindo constante aperfeiçoamento técnico dos entes públicos responsáveis pela integridade desses sistemas.

Por sua vez, a rede mundial de computadores, além de canal cada vez mais propício à perpetração de atos protagonizados por agentes do crime organizado ou por organizações terroristas, tem-se constituído, ainda, em espaço privilegiado de discussões, diversas das quais relativas aos interesses do País. Nesse contexto, é primordial acompanhar, avaliar tendências, prevenir e evitar ações prejudiciais à consecução dos objetivos nacionais.

8.5 Compartilhar dados e conhecimentos

O êxito de uma atuação coordenada depende do compartilhamento oportuno de dados e conhecimentos entre os diversos organismos estatais, observadas as características específicas da atividade de Inteligência, em especial quanto aos usuários que a eles devem ter acesso.

As missões e atribuições da Inteligência devem ser realizadas, sempre que possível, com a disponibilidade sistêmica de acesso a dados e conhecimentos entre os órgãos do SISBIN.

8.6 Ampliar a confiabilidade do Sistema Brasileiro de Inteligência

O acesso a conhecimentos de Inteligência é tão valioso quanto a sua confiabilidade, bem como a dos profissionais que integram o SISBIN. A disseminação de um conhecimento de Inteligência falseado ou impreciso pode comprometer a cadeia decisória do Estado que dele faça uso. A divulgação não autorizada de dados e conhecimentos classificados ou originalmente sigilosos também prejudica os órgãos de Inteligência, afetando diretamente a sua credibilidade.

Nesse contexto, a confiabilidade do SISBIN deve ser ampliada continuamente pelo aperfeiçoamento do processo de seleção de recursos humanos para a área de Inteligência, pelo treinamento de servidores públicos encarregados de temas e missões sensíveis e pela implementação efetiva de contramedidas de segurança corporativa indispensáveis à segurança e ao desenvolvimento da atividade de Inteligência.

8.7 Expandir a capacidade operacional da Inteligência

As ações de obtenção de dados sigilosos, visando a contribuir para a neutralização de ameaças à sociedade e ao Estado brasileiros, exigem equipes operacionais altamente capacitadas. Para o melhor aproveitamento e produção de resultados, é imprescindível que essas equipes disponham de recursos materiais, humanos, tecnológicos e financeiros, entre outros, compatíveis com a complexidade das missões que se lhes apresentem.

Desse modo, deve ser estudada a viabilidade de expansão da capacidade operacional da Inteligência, sobretudo no que diz respeito ao adequado efetivo de agentes especializados nessa atividade; aos recursos, capacitações e treinamentos necessários à sua execução; e à inserção, no ordenamento jurídico nacional, dos instrumentos que amparem suas atividades.

8.8 Fortalecer a cultura de proteção de conhecimentos

O acesso não autorizado a técnicas, processos de inovação, pesquisas, planos e estratégias, bem como ao patrimônio genético e a conhecimentos tradicionais a ele associados, pode comprometer a consecução de objetivos nacionais e resultar em prejuízos expressivos no campo socioeconômico. A proteção dos conhecimentos sensíveis nacionais constitui fator essencial para o desenvolvimento do País. Os importantes resultados advindos de pesquisas científicas e tecnológicas requerem contínuo aperfeiçoamento de mecanismos de proteção nos meios acadêmicos e empresariais.

Torna-se, portanto, imprescindível e urgente fortalecer, no âmbito da sociedade, a cultura de proteção, visando ao estabelecimento de práticas para a salvaguarda de conhecimentos por parte daqueles que os detenham. A Inteligência deve concorrer para a disseminação dessa cultura como forma de evitar ou minimizar prejuízos ao País.

8.9 Cooperar na proteção das infraestruturas críticas nacionais

Ameaças como terrorismo, organizações criminosas transnacionais e grupos de diferentes origens e com distintos interesses ligados a atos de sabotagem devem ser monitoradas, como forma de minimizar as possibilidades de sucesso das ações que visem a interromper ou mesmo comprometer o funcionamento das infraestruturas críticas nacionais.

Nesse cenário, a Inteligência deve participar do processo de avaliação de riscos e vulnerabilidades relativos a alvos potenciais daquelas ameaças, visando a concorrer para a proteção das infraestruturas críticas nacionais.

8.10 Cooperar na identificação de oportunidades ou áreas de interesse para o Estado brasileiro

A atividade de Inteligência, pela sua atuação prospectiva e preventiva, auxilia o Estado na identificação de oportunidades e interesses para o desenvolvimento nacional.

Nesse cenário, a Inteligência deve desenvolver a capacidade de assessorar as instâncias decisórias por meio de instrumentos, estruturas e processos que possibilitem essa identificação nas diversas áreas do interesse nacional.

Outros decretos e leis sobre inteligência

- **Decreto nº 8.905/2016, de 17 de novembro de 2016.** Aprova a Estrutura Regimental e o Quadro Demonstrativo dos Cargos em Comissão e das Funções de Confiança da Agência Brasileira de Inteligência, remaneja cargos em comissão e substitui cargos em comissão do Grupo Direção e Assessoramento Superior – DAS por Funções Comissionadas do Poder Executivo – FCPE. Disponível em: <http://www.planalto.gov.br/ccivil_03/_ato2015-2018/2016/decreto/D8905.htm>. Acesso em: 11 maio 2018.
- **Decreto nº 7.845, de 14 de novembro de 2012.** Regulamenta procedimentos para credenciamento de segurança e tratamento de informação classificada em qualquer grau de sigilo, e dispõe sobre o Núcleo de Segurança e Credenciamento. Disponível em: <http://www.planalto.gov.br/ccivil_03/_ato2011-2014/2012/decreto/d7845.htm>. Acesso em: 11 maio 2018.
- **Lei nº 12.527, de 18 de novembro de 2011.** Regula o acesso a informações previsto no inciso XXXIII do art. 5º, no inciso II do § 3º do art. 37 e no § 2º do art. 216 da Constituição Federal; altera a Lei nº 8.112, de 11 de dezembro de 1990; revoga a Lei no 11.111, de 5 de maio de 2005, e dispositivos da Lei nº 8.159, de 8 de janeiro de 1991; e dá outras providências. Disponível em: <http://www.planalto.gov.br/ccivil_03/_ato2011-2014/2011/lei/l12527.htm>. Acesso em: 11 maio 2018.
- **Lei nº 11.776, de 07 de setembro de 2008.** Dispõe sobre a estruturação do Plano de Carreiras e Cargos da Agência Brasileira de Inteligência

- ABIN, cria as Carreiras de Oficial de Inteligência, Oficial Técnico de Inteligência, Agente de Inteligência e Agente Técnico de Inteligência e dá outras providências; e revoga dispositivos das Leis n°s 9.651, de 27 de maio de 1998, 11.233, de 22 de dezembro de 2005, e 11.292, de 26 de abril de 2006, e as Leis n°s 10.862, de 20 de abril de 2004, e 11.362, de 19 de outubro de 2006. Disponível em: <http://www.planalto.gov.br/ccivil_03/_ato2007-2010/2008/Lei/L11776.htm>. Acesso em: 11 maio 2018.

- **Decreto nº 4.376, de 13 de setembro de 2002.** Dispõe sobre a organização e o funcionamento do Sistema Brasileiro de Inteligência, instituído pela Lei nº 9.883, de 7 de dezembro de 1999, e dá outras providências. Disponível em: <http://www.planalto.gov.br/ccivil_03/decreto/2002/D4376compilado.htm>. Acesso em: 14 maio 2018.
- **Lei nº 9.883, de 7 de dezembro de 1999.** Institui o Sistema Brasileiro de Inteligência, cria a Agência Brasileira de Inteligência - ABIN, e dá outras providências. Disponível em: <http://www.planalto.gov.br/ccivil_03/leis/L9883.htm>. Acesso em: 14 maio 2018.

Legislação sobre infiltração na internet

Lei nº 13.441/17, de 8 de maio de 2017[93]

Altera a Lei nº 8.069, de 13 de julho de 1990 (Estatuto da Criança e do Adolescente), para prever a infiltração de agentes de polícia na internet com o fim de investigar crimes contra a dignidade sexual de criança e de adolescente.

O PRESIDENTE DA REPÚBLICA Faço saber que o Congresso Nacional decreta e eu sanciono a seguinte Lei:

Art. 1º O Capítulo III do Título VI da Parte Especial da Lei nº 8.069, de 13 de julho de 1990 (Estatuto da Criança e do Adolescente), passa a vigorar acrescido da seguinte Seção V-A:

"Seção V-A
Da Infiltração de Agentes de Polícia para a Investigação de Crimes contra a Dignidade Sexual de Criança e de Adolescente"

---

93 BRASIL. Lei nº 13.441/17, de 8 de maio de 2017. Altera a Lei nº 8.069, de 13 de julho de 1990 (Estatuto da Criança e do Adolescente), para prever a infiltração de agentes de polícia na internet com o fim de investigar crimes contra a dignidade sexual de criança e de adolescente. Disponível em: <http://www.planalto.gov.br/ccivil_03/_ato2015-2018/2017/lei/L13441.htm>. Acesso em: 14 maio 2018.

"Art. 190-A. A infiltração de agentes de polícia na internet com o fim de investigar os crimes previstos nos arts. 240, 241, 241-A, 241-B, 241-C e 241-D desta Lei e nos arts. 154-A, 217-A, 218, 218-A e 218-B do Decreto-Lei nº 2.848, de 7 de dezembro de 1940 (Código Penal), obedecerá às seguintes regras:

I – será precedida de autorização judicial devidamente circunstanciada e fundamentada, que estabelecerá os limites da infiltração para obtenção de prova, ouvido o Ministério Público;

II – dar-se-á mediante requerimento do Ministério Público ou representação de delegado de polícia e conterá a demonstração de sua necessidade, o alcance das tarefas dos policiais, os nomes ou apelidos das pessoas investigadas e, quando possível, os dados de conexão ou cadastrais que permitam a identificação dessas pessoas;

III – não poderá exceder o prazo de 90 (noventa) dias, sem prejuízo de eventuais renovações, desde que o total não exceda a 720 (setecentos e vinte) dias e seja demonstrada sua efetiva necessidade, a critério da autoridade judicial.

§ 1º A autoridade judicial e o Ministério Público poderão requisitar relatórios parciais da operação de infiltração antes do término do prazo de que trata o inciso II do § 1º deste artigo.

§ 2º Para efeitos do disposto no inciso I do § 1º deste artigo, consideram-se:

I – dados de conexão: informações referentes a hora, data, início, término, duração, endereço de Protocolo de Internet (IP) utilizado e terminal de origem da conexão;

II – dados cadastrais: informações referentes a nome e endereço de assinante ou de usuário registrado ou autenticado para a conexão a quem endereço de IP, identificação de usuário ou código de acesso tenha sido atribuído no momento da conexão.

§ 3º A infiltração de agentes de polícia na internet não será admitida se a prova puder ser obtida por outros meios."

"Art. 190-B. As informações da operação de infiltração serão encaminhadas diretamente ao juiz responsável pela autorização da medida, que zelará por seu sigilo.

Parágrafo único. Antes da conclusão da operação, o acesso aos autos será reservado ao juiz, ao Ministério Público e ao delegado de polícia responsável pela operação, com o objetivo de garantir o sigilo das investigações."

"Art. 190-C. Não comete crime o policial que oculta a sua identidade para, por meio da internet, colher indícios de autoria e materialidade dos crimes previstos nos arts. 240, 241, 241-A, 241-B, 241-C e 241-D desta Lei e nos arts. 154-A, 217-A, 218, 218-A e 218-B do Decreto-Lei nº 2.848, de 7 de dezembro de 1940 (Código Penal).

Parágrafo único. O agente policial infiltrado que deixar de observar a estrita finalidade da investigação responderá pelos excessos praticados."

"Art. 190-D. Os órgãos de registro e cadastro público poderão incluir nos bancos de dados próprios, mediante procedimento sigiloso e requisição da autoridade judicial, as informações necessárias à efetividade da identidade fictícia criada.

Parágrafo único. O procedimento sigiloso de que trata esta Seção será numerado e tombado em livro específico."

"Art. 190-E. Concluída a investigação, todos os atos eletrônicos praticados durante a operação deverão ser registrados, gravados, armazenados e encaminhados ao juiz e ao Ministério Público, juntamente com relatório circunstanciado.

Parágrafo único. Os atos eletrônicos registrados citados no *caput* deste artigo serão reunidos em autos apartados e apensados ao processo criminal juntamente com o inquérito policial, assegurando-se a preservação da identidade do agente policial infiltrado e a intimidade das crianças e dos adolescentes envolvidos."

Art. 2º Esta Lei entra em vigor na data de sua publicação.

Brasília, 8 de maio de 2017; 196º da Independência e 129º da República.

MICHEL TEMER

Osmar Serraglio

Luislinda Dias de Valois Santos

Este texto não substitui o publicado no DOU de 9.5.2017

Legislação relacionada com os crimes que admitem a infiltração policial na internet, conforme previsto na Lei nº 13.441/17

Estatuto da Criança e do Adolescente[94]

[...]

Art. 240. Produzir, reproduzir, dirigir, fotografar, filmar ou registrar, por qualquer meio, cena de sexo explícito ou pornográfica, envolvendo criança ou adolescente:

Pena – reclusão, de 4 (quatro) a 8 (oito) anos, e multa.

§ 1º Incorre nas mesmas penas quem agencia, facilita, recruta, coage, ou de qualquer modo intermedeia a participação de criança ou adolescente nas cenas referidas no *caput* deste artigo, ou ainda quem com esses contracena.

§ 2º Aumenta-se a pena de 1/3 (um terço) se o agente comete o crime:

I – no exercício de cargo ou função pública ou a pretexto de exercê-la;

II – prevalecendo-se de relações domésticas, de coabitação ou de hospitalidade; ou

III – prevalecendo-se de relações de parentesco consanguíneo ou afim até o terceiro grau, ou por adoção, de tutor, curador, preceptor, empregador da vítima ou de quem, a qualquer outro título, tenha autoridade sobre ela, ou com seu consentimento.

Art. 241. Vender ou expor à venda fotografia, vídeo ou outro registro que contenha cena de sexo explícito ou pornográfica envolvendo criança ou adolescente:

Pena – reclusão, de 4 (quatro) a 8 (oito) anos, e multa.

Art. 241-A. Oferecer, trocar, disponibilizar, transmitir, distribuir, publicar ou divulgar por qualquer meio, inclusive por meio de sistema de informática ou telemático, fotografia, vídeo ou outro registro que contenha cena de sexo explícito ou pornográfica envolvendo criança ou adolescente:

Pena – reclusão, de 3 (três) a 6 (seis) anos, e multa.

---

94 BRASIL. Lei nº 8.069, de 13 de julho de 1990. Dispõe sobre o Estatuto da Criança e do Adolescente e dá outras providências. Disponível em: <http://www.planalto.gov.br/ccivil_03/leis/l8069.htm>. Acesso em: 14 maio 2018.

§ 1º Nas mesmas penas incorre quem:

I – assegura os meios ou serviços para o armazenamento das fotografias, cenas ou imagens de que trata o *caput* deste artigo;

II – assegura, por qualquer meio, o acesso por rede de computadores às fotografias, cenas ou imagens de que trata o *caput* deste artigo.

§ 2º As condutas tipificadas nos incisos I e II do § 1º deste artigo são puníveis quando o responsável legal pela prestação do serviço, oficialmente notificado, deixa de desabilitar o acesso ao conteúdo ilícito de que trata o *caput* deste artigo.

Art. 241-B. Adquirir, possuir ou armazenar, por qualquer meio, fotografia, vídeo ou outra forma de registro que contenha cena de sexo explícito ou pornográfica envolvendo criança ou adolescente:

Pena – reclusão, de 1 (um) a 4 (quatro) anos, e multa.

§ 1º A pena é diminuída de 1 (um) a 2/3 (dois terços) se de pequena quantidade o material a que se refere o *caput* deste artigo.

§ 2º Não há crime se a posse ou o armazenamento tem a finalidade de comunicar às autoridades competentes a ocorrência das condutas descritas nos arts. 240, 241, 241-A e 241-C desta Lei, quando a comunicação for feita por:

I – agente público no exercício de suas funções;

II – membro de entidade, legalmente constituída, que inclua, entre suas finalidades institucionais, o recebimento, o processamento e o encaminhamento de notícia dos crimes referidos neste parágrafo;

III – representante legal e funcionários responsáveis de provedor de acesso ou serviço prestado por meio de rede de computadores, até o recebimento do material relativo à notícia feita à autoridade policial, ao Ministério Público ou ao Poder Judiciário.

§ 3º As pessoas referidas no § 2º deste artigo deverão manter sob sigilo o material ilícito referido.

Art. 241-C. Simular a participação de criança ou adolescente em cena de sexo explícito ou pornográfica por meio de adulteração, montagem ou modificação de fotografia, vídeo ou qualquer outra forma de representação visual:

Pena – reclusão, de 1 (um) a 3 (três) anos, e multa.

Parágrafo único. Incorre nas mesmas penas quem vende, expõe à venda, disponibiliza, distribui, publica ou divulga por qualquer meio, adquire, possui ou armazena o material produzido na forma do *caput* deste artigo.

Art. 241-D. Aliciar, assediar, instigar ou constranger, por qualquer meio de comunicação, criança, com o fim de com ela praticar ato libidinoso:

Pena – reclusão, de 1 (um) a 3 (três) anos, e multa.

Parágrafo único. Nas mesmas penas incorre quem:

I – facilita ou induz o acesso à criança de material contendo cena de sexo explícito ou pornográfica com o fim de com ela praticar ato libidinoso;

II – pratica as condutas descritas no *caput* deste artigo com o fim de induzir criança a se exibir de forma pornográfica ou sexualmente explícita.

[...]

Código Penal[95]

[...]

Art. 154-A. Invadir dispositivo informático alheio, conectado ou não à rede de computadores, mediante violação indevida de mecanismo de segurança e com o fim de obter, adulterar ou destruir dados ou informações sem autorização expressa ou tácita do titular do dispositivo ou instalar vulnerabilidades para obter vantagem ilícita:

Pena – detenção, de 3 (três) meses a 1 (um) ano, e multa.

§ 1º Na mesma pena incorre quem produz, oferece, distribui, vende ou difunde dispositivo ou programa de computador com o intuito de permitir a prática da conduta definida no *caput*.

§ 2º Aumenta-se a pena de um sexto a um terço se da invasão resulta prejuízo econômico.

§ 3º Se da invasão resultar a obtenção de conteúdo de comunicações eletrônicas privadas, segredos comerciais ou industriais, informações sigilosas, assim definidas em lei, ou o controle remoto não autorizado do dispositivo invadido:

---

95 BRASIL. Decreto-Lei nº 2.848, de 7 de dezembro de 1940. Código Penal. Disponível em: <http://www.planalto.gov.br/ccivil_03/decreto-lei/Del2848compilado.htm>. Acesso em: 14 maio 2018.

Pena - reclusão, de 6 (seis) meses a 2 (dois) anos, e multa, se a conduta não constitui crime mais grave.

§ 4º Na hipótese do § 3º, aumenta-se a pena de um a dois terços se houver divulgação, comercialização ou transmissão a terceiro, a qualquer título, dos dados ou informações obtidos.

§ 5º Aumenta-se a pena de um terço à metade se o crime for praticado contra:

I - Presidente da República, governadores e prefeitos;

II - Presidente do Supremo Tribunal Federal;

III - Presidente da Câmara dos Deputados, do Senado Federal, de Assembleia Legislativa de Estado, da Câmara Legislativa do Distrito Federal ou de Câmara Municipal; ou

IV - dirigente máximo da administração direta e indireta federal, estadual, municipal ou do Distrito Federal.

[...]

Estupro de vulnerável

Art. 217-A. Ter conjunção carnal ou praticar outro ato libidinoso com menor de 14 (catorze) anos:

Pena - reclusão, de 8 (oito) a 15 (quinze) anos.

§ 1º Incorre na mesma pena quem pratica as ações descritas no *caput* com alguém que, por enfermidade ou deficiência mental, não tem o necessário discernimento para a prática do ato, ou que, por qualquer outra causa, não pode oferecer resistência.

§ 2º (VETADO)

§ 3º Se da conduta resulta lesão corporal de natureza grave:

Pena - reclusão, de 10 (dez) a 20 (vinte) anos.

§ 4º Se da conduta resulta morte:

Pena - reclusão, de 12 (doze) a 30 (trinta) anos.

Corrupção de menores

Art. 218. Induzir alguém menor de 14 (catorze) anos a satisfazer a lascívia de outrem:

Pena – reclusão, de 2 (dois) a 5 (cinco) anos.

Parágrafo único. (VETADO).

Satisfação de lascívia mediante presença de criança ou adolescente

Art. 218-A. Praticar, na presença de alguém menor de 14 (catorze) anos, ou induzi-lo a presenciar, conjunção carnal ou outro ato libidinoso, a fim de satisfazer lascívia própria ou de outrem:

Pena – reclusão, de 2 (dois) a 4 (quatro) anos.

Favorecimento da prostituição ou de outra forma de exploração sexual de criança ou adolescente ou de vulnerável

Art. 218-B. Submeter, induzir ou atrair à prostituição ou outra forma de exploração sexual alguém menor de 18 (dezoito) anos ou que, por enfermidade ou deficiência mental, não tem o necessário discernimento para a prática do ato, facilitá-la, impedir ou dificultar que a abandone:

Pena – reclusão, de 4 (quatro) a 10 (dez) anos.

§ 1º Se o crime é praticado com o fim de obter vantagem econômica, aplica-se também multa.

§ 2º Incorre nas mesmas penas:

I – quem pratica conjunção carnal ou outro ato libidinoso com alguém menor de 18 (dezoito) e maior de 14 (catorze) anos na situação descrita no *caput* deste artigo;

II – o proprietário, o gerente ou o responsável pelo local em que se verifiquem as práticas referidas no *caput* deste artigo.

§ 3º Na hipótese do inciso II do § 2º, constitui efeito obrigatório da condenação a cassação da licença de localização e de funcionamento do estabelecimento.

Outras normas que também tratam da infiltração policial

Lei nº 12.850, de 2 de agosto de 2013

[...]

DA INVESTIGAÇÃO E DOS MEIOS DE OBTENÇÃO DA PROVA

Art. 3º Em qualquer fase da persecução penal, serão permitidos, sem prejuízo de outros já previstos em lei, os seguintes meios de obtenção da prova:

I - colaboração premiada;

II - captação ambiental de sinais eletromagnéticos, ópticos ou acústicos;

III - ação controlada;

IV - acesso a registros de ligações telefônicas e telemáticas, a dados cadastrais constantes de bancos de dados públicos ou privados e a informações eleitorais ou comerciais;

V - interceptação de comunicações telefônicas e telemáticas, nos termos da legislação específica;

VI - afastamento dos sigilos financeiro, bancário e fiscal, nos termos da legislação específica;

VII - infiltração, por policiais, em atividade de investigação, na forma do art. 11;

VIII - cooperação entre instituições e órgãos federais, distritais, estaduais e municipais na busca de provas e informações de interesse da investigação ou da instrução criminal.

§ 1º Havendo necessidade justificada de manter sigilo sobre a capacidade investigatória, poderá ser dispensada licitação para contratação de serviços técnicos especializados, aquisição ou locação de equipamentos destinados à polícia judiciária para o rastreamento e obtenção de provas previstas nos incisos II e V. (Incluído pela Lei nº 13.097, de 2015)

§ 2º No caso do § 1º, fica dispensada a publicação de que trata o parágrafo único do art. 61 da Lei nº 8.666, de 21 de junho de 1993, devendo ser comunicado o órgão de controle interno da realização da contratação. (Incluído pela Lei nº 13.097, de 2015)

[...]

Seção III
Da Infiltração de Agentes

Art. 10. A infiltração de agentes de polícia em tarefas de investigação, representada pelo delegado de polícia ou requerida pelo Ministério Público, após manifestação técnica do delegado de polícia quando solicitada no curso de inquérito policial, será precedida de circunstanciada, motivada e sigilosa autorização judicial, que estabelecerá seus limites.

§ 1º Na hipótese de representação do delegado de polícia, o juiz competente, antes de decidir, ouvirá o Ministério Público.

§ 2º Será admitida a infiltração se houver indícios de infração penal de que trata o art. 1º e se a prova não puder ser produzida por outros meios disponíveis.

§ 3º A infiltração será autorizada pelo prazo de até 6 (seis) meses, sem prejuízo de eventuais renovações, desde que comprovada sua necessidade.

§ 4º Findo o prazo previsto no § 3º, o relatório circunstanciado será apresentado ao juiz competente, que imediatamente cientificará o Ministério Público.

§ 5º No curso do inquérito policial, o delegado de polícia poderá determinar aos seus agentes, e o Ministério Público poderá requisitar, a qualquer tempo, relatório da atividade de infiltração.

Art. 11. O requerimento do Ministério Público ou a representação do delegado de polícia para a infiltração de agentes conterão a demonstração da necessidade da medida, o alcance das tarefas dos agentes e, quando possível, os nomes ou apelidos das pessoas investigadas e o local da infiltração.

Art. 12. O pedido de infiltração será sigilosamente distribuído, de forma a não conter informações que possam indicar a operação a ser efetivada ou identificar o agente que será infiltrado.

§ 1º As informações quanto à necessidade da operação de infiltração serão dirigidas diretamente ao juiz competente, que decidirá no prazo de 24 (vinte e quatro) horas, após manifestação do Ministério Público na hipótese de representação do delegado de polícia, devendo-se adotar as medidas necessárias para o êxito das investigações e a segurança do agente infiltrado.

§ 2º Os autos contendo as informações da operação de infiltração acompanharão a denúncia do Ministério Público, quando serão disponibilizados à defesa, assegurando-se a preservação da identidade do agente.

§ 3º Havendo indícios seguros de que o agente infiltrado sofre risco iminente, a operação será sustada mediante requisição do Ministério Público ou pelo delegado de polícia, dando-se imediata ciência ao Ministério Público e à autoridade judicial.

Art. 13. O agente que não guardar, em sua atuação, a devida proporcionalidade com a finalidade da investigação, responderá pelos excessos praticados.

Parágrafo único. Não é punível, no âmbito da infiltração, a prática de crime pelo agente infiltrado no curso da investigação, quando inexigível conduta diversa.

Art. 14. São direitos do agente:

I - recusar ou fazer cessar a atuação infiltrada;

II - ter sua identidade alterada, aplicando-se, no que couber, o disposto no art. 9º da Lei nº 9.807, de 13 de julho de 1999, bem como usufruir das medidas de proteção a testemunhas;

III - ter seu nome, sua qualificação, sua imagem, sua voz e demais informações pessoais preservadas durante a investigação e o processo criminal, salvo se houver decisão judicial em contrário;

IV - não ter sua identidade revelada, nem ser fotografado ou filmado pelos meios de comunicação, sem sua prévia autorização por escrito.

[...]

Lei nº 11.343, de 23 de agosto de 2006[96]

Institui o Sistema Nacional de Políticas Públicas sobre Drogas - Sisnad; prescreve medidas para prevenção do uso indevido, atenção e reinserção social de usuários e dependentes de drogas; estabelece normas para repressão à produção não autorizada e ao tráfico ilícito de drogas; define crimes e dá outras providências.

O PRESIDENTE DA REPÚBLICA Faço saber que o Congresso Nacional decreta e eu sanciono a seguinte Lei:

96 BRASIL. Lei nº 11.343, de 23 de agosto de 2006. Institui o Sistema Nacional de Políticas Públicas sobre Drogas - Sisnad; prescreve medidas para prevenção do uso indevido, atenção e reinserção social de usuários e dependentes de drogas; estabelece normas para repressão à produção não autorizada e ao tráfico ilícito de drogas; define crimes e dá outras providências. Disponível em: <http://www.planalto.gov.br/ccivil_03/_ato2004-2006/2006/lei/l11343.htm>. Acesso em: 14 maio 2018.

TÍTULO I
DISPOSIÇÕES PRELIMINARES

Art. 1º Esta Lei institui o Sistema Nacional de Políticas Públicas sobre Drogas - Sisnad; prescreve medidas para prevenção do uso indevido, atenção e reinserção social de usuários e dependentes de drogas; estabelece normas para repressão à produção não autorizada e ao tráfico ilícito de drogas e define crimes.

Parágrafo único. Para fins desta Lei, consideram-se como drogas as substâncias ou os produtos capazes de causar dependência, assim especificados em lei ou relacionados em listas atualizadas periodicamente pelo Poder Executivo da União.

[...]

Art. 53. Em qualquer fase da persecução criminal relativa aos crimes previstos nesta Lei, são permitidos, além dos previstos em lei, mediante autorização judicial e ouvido o Ministério Público, os seguintes procedimentos investigatórios:

I - a infiltração por agentes de polícia, em tarefas de investigação, constituída pelos órgãos especializados pertinentes;

II - a não atuação policial sobre os portadores de drogas, seus precursores químicos ou outros produtos utilizados em sua produção, que se encontrem no território brasileiro, com a finalidade de identificar e responsabilizar maior número de integrantes de operações de tráfico e distribuição, sem prejuízo da ação penal cabível.

Parágrafo único. Na hipótese do inciso II deste artigo, a autorização será concedida desde que sejam conhecidos o itinerário provável e a identificação dos agentes do delito ou de colaboradores.

[...]

Referências

ABIN. **Contrainteligência.** Disponível em: <http://www.abin.gov.br/atividadeinteligencia/inteligenciaecontrainteligencia/contrainteligencia/>. Acesso em: 04 maio 2018.

ABIN. **Inteligência.** Disponível em: <http://www.abin.gov.br/atividadeinteligencia/inteligenciaecontrainteligencia/inteligencia/>. Acesso em: 04 maio 2018.

ABIN. **Serviço Federal de Informações e Contra-Informações.** Disponível em: <http://www.abin.gov.br/institucional/historico/1946-servico-federal-de-informacoes-e-contra-informacoes-sfici/>. Acesso em: 04 maio 2018.

ACELAB. **PC-3000 Express System.** Disponível em: <http://www.acelaboratory.com/ExpressSystem>. Acesso em: 14 jun. 2018.

ANNÍBAL, Roberto; JORGE, Higor Vinicius Nogueira; LIMA, Luis Fernando Camargo da Cunha; SILVA, Wilson Correia. Integração Nacional dos Setores de Inteligência Policial. **Revista da Associação dos Delegados de Polícia do Estado de São Paulo.** São Paulo: ADPESP, ano 24, n. 35, mar. 2007.

ARAÚJO, Francisco das Chagas S. Curso investigação criminal II: módulo 2. SENASP/MJ, 2009c.

BARRETO, Alesandro Gonçalves. Teredo IPV6 – Procedimentos a serem adotados durante a investigação policial para evitar 'falsos positivos'. **Direito & TI**, 19 dez. 2017. Disponível em: <http://direitoeti.com.br/artigos/teredo-ipv6-procedimentos-a-serem-adotados-durante-a-investigacao-policial-para-evitar-falsos-positivos/>. Acesso em: 04 maio 2018.

BENI, Eduardo. PM do RJ cria Núcleo de Aeronaves Remotamente Pilotadas sob a coordenação do GAM e utiliza drone no Rock in Rio. **Drone Policial**, 25 set. 2017. Disponível em: <https://www.pilotopolicial.com.br/pm-do-rj-cria-

nucleo-de-aeronaves-remotamente-pilotadas-sob-a-coordenacao-do-gam-e-utiliza-drone-no-rock-in-rio/>. Acesso em: 08 maio 2018.

BESSA, Jorge da Silva. A importância da inteligência no processo decisório. **III Encontro de Estudos:** desafios para a atividade de inteligência no século XXI. Brasília, set. 2004. Disponível em: <http://www.biblioteca.presidencia.gov.br/presidencia/dilma-vana-rousseff/publicacoes/orgao-essenciais/gabinete-de-seguranca-institucional/secretaria-de-acompanhamento-de-estudos-institucionais/iii-encontro-de-estudos-desafios-para-a-atividade-de-inteligencia-no-seculo-xxi/@@download/file/inteligencia.pdf>. Acesso em: 13 jun. 2018.

BÍBLIA CATÓLICA ONLINE. Disponível em: <https://www.bibliacatolica.com.br/biblia-ave-maria/numeros/13/>. Acesso em: 09 maio 2018.

BRASIL. Decreto não numerado de 15 de dezembro de 2017. Aprova a Estratégia Nacional de Inteligência. Disponível em: <http://www.planalto.gov.br/ccivil_03/_Ato2015-2018/2017/Dsn/Dsn14503.htm>. Acesso em: 04 maio 2018.

BRASIL. Decreto nº 4.376, de 13 de setembro de 2002. Dispõe sobre a organização e o funcionamento do Sistema Brasileiro de Inteligência, instituído pela Lei nº 9.883, de 7 de dezembro de 1999, e dá outras providências. Disponível em: <http://www.planalto.gov.br/ccivil_03/decreto/2002/D4376compilado.htm>. Acesso em: 04 maio 2018.

BRASIL. Decreto nº 7.845, de 14 de novembro de 2012. Regulamenta procedimentos para credenciamento de segurança e tratamento de informação classificada em qualquer grau de sigilo, e dispõe sobre o Núcleo de Segurança e Credenciamento. Disponível em: <http://www.planalto.gov.br/ccivil_03/_ato2011-2014/2012/decreto/d7845.htm>. Acesso em: 11 maio 2018.

BRASIL. Decreto nº 8.905, de 17 de novembro de 2016. Aprova a Estrutura Regimental e o Quadro Demonstrativo dos Cargos em Comissão e das Funções de Confiança da Agência Brasileira de Inteligência, remaneja cargos em comissão e substitui cargos em comissão do Grupo Direção e Assessoramento Superior - DAS por Funções Comissionadas do Poder Executivo - FCPE. Disponível em: <http://www.planalto.gov.br/ccivil_03/_ato2015-2018/2016/decreto/D8905.htm>. Acesso em: 04 maio 2018.

BRASIL. Decreto-Lei nº 2.848, de 7 de dezembro de 1940. Código Penal. Disponível em: <http://www.planalto.gov.br/ccivil_03/decreto-lei/Del2848compilado.htm>. Acesso em: 14 maio 2018.

BRASIL. Decreto-Lei nº 3.689, de 3 de outubro de 1941. Código de Processo Penal. Disponível em: <http://www.planalto.gov.br/ccivil_03/decreto-lei/Del3689.htm>. Acesso em: 04 maio 2018.

BRASIL. Lei nº 11.343, de 23 de agosto de 2006. Institui o Sistema Nacional de Políticas Públicas sobre Drogas - Sisnad; prescreve medidas para prevenção do uso indevido, atenção e reinserção social de usuários e dependentes de drogas; estabelece normas para repressão à produção não autorizada e ao tráfico ilícito de drogas; define crimes e dá outras providências. Disponível em: <http://www.planalto.gov.br/ccivil_03/_ato2004-2006/2006/lei/l11343.htm>. Acesso em: 14 maio 2018.

BRASIL. Lei nº 11.776, de 17 de setembro de 2008. Dispõe sobre a estruturação do Plano de Carreiras e Cargos da Agência Brasileira de Inteligência - ABIN, cria as Carreiras de Oficial de Inteligência, Oficial Técnico de Inteligência, Agente de Inteligência e Agente Técnico de Inteligência e dá outras providências; e revoga dispositivos das Leis nos 9.651, de 27 de maio de 1998, 11.233, de 22 de dezembro de 2005, e 11.292, de 26 de abril de 2006, e as Leis nos 10.862, de 20 de abril de 2004, e 11.362, de 19 de outubro de 2006. Disponível em: <http://www.planalto.gov.br/ccivil_03/_ato2007-2010/2008/Lei/L11776.htm>. Acesso em: 04 maio 2018.

BRASIL. Lei nº 12.830, de 20 de junho de 2013. Dispõe sobre a investigação criminal conduzida pelo delegado de polícia. Disponível em: <http://www.planalto.gov.br/ccivil_03/_ato2011-2014/2013/lei/l12830.htm>. Acesso em: 04 maio 2018.

BRASIL. Lei nº 12.850, de 2 de agosto de 2013. Define organização criminosa e dispõe sobre a investigação criminal, os meios de obtenção da prova, infrações penais correlatas e o procedimento criminal; altera o Decreto-Lei nº 2.848, de 7 de dezembro de 1940 (Código Penal); revoga a Lei nº 9.034, de 3 de maio de 1995; e dá outras providências. Disponível em: <http://www.planalto.gov.br/ccivil_03/_ato2011-2014/2013/lei/l12850.htm>. Acesso em: 04 maio 2018.

BRASIL. Lei nº 13.260, de 16 de março de 2016. Regulamenta o disposto no inciso XLIII do art. 5º da Constituição Federal, disciplinando o terrorismo, tratando de disposições investigatórias e processuais e reformulando o conceito de organização terrorista; e altera as Leis nos 7.960, de 21 de dezembro de 1989, e 12.850, de 2 de agosto de 2013. Disponível em: <http://www.planalto.gov.br/ccivil_03/_ato2015-2018/2016/lei/l13260.htm>. Acesso em: 04 maio 2018.

BRASIL. Lei nº 13.432, de 11 de abril 2017. Dispõe sobre o exercício da profissão de detetive particular. Disponível em: <http://www.planalto.gov.br/ccivil_03/_ato2015-2018/2017/lei/L13432.htm>. Acesso em: 04 maio 2018.

BRASIL. Lei nº 8.069, de 13 de julho de 1990. Dispõe sobre o Estatuto da Criança e do Adolescente e dá outras providências. Disponível em: <http://www.planalto.gov.br/ccivil_03/leis/l8069.htm>. Acesso em: 14 maio 2018.

BRASIL. Lei nº 9.296, de 24 de julho de 1996. Regulamenta o inciso XII, parte final, do art. 5° da Constituição Federal. Disponível em: <http://www.planalto.gov.br/ccivil_03/leis/L9296.htm>. Acesso em: 04 maio 2018.

BRASIL. Lei nº 9.883, de 7 de dezembro de 1999. Institui o Sistema Brasileiro de Inteligência, cria a Agência Brasileira de Inteligência – ABIN, e dá outras providências. Disponível em: <http://www.planalto.gov.br/ccivil_03/leis/L9883.htm>. Acesso em: 04 maio 2018.

BUARQUE DE HOLANDA, Aurélio Ferreira. **Novo Dicionário Eletrônico Aurélio versão 5.0.** Positivo Informática Ltda. 2004.

CABETTE, Eduardo Luiz Santos; NAHUR, Marcius Tadeu Maciel. **Criminalidade Organizada & Globalização Desorganizada.** Rio de Janeiro: Freitas Bastos, 2014.

CARVALHO, Fernanda Daltro Santos de. **Abuso Sexual Infanto-Juvenil:** implicações na personalidade da vítima. Brasília: Centro Unversitário de Brasília - UniCEUB, 2005, p. 14-15.

CASELLI, Guilherme; BARRETO, Alesandro Gonçalves. Exif Metadada – A investigação policial subsidiada por sua extração e análise. **Portal Nacional dos Delegados & Revista de Defesa Social**, 26 jul. 2016. Disponível em: <https://www.delegados.com.br/juridico/exif-metadada-a-investigacao-policial-subsidiada-por-sua-extracao-e-analise>. Acesso em: 08 maio 2018.

CELLEBRITE. **UFED Ultimate.** Disponível em: <https://www.cellebrite.com/pt/products/ufed-ultimate-pt/>. Acesso em: 14 jun. 2018.

CEPIK, Marco Aurélio Chaves. Inteligência e Políticas Públicas: dinâmicas operacionais e condições de legitimação. **Security and Defense Studies Review**, vol. 2, Winter 2002/2003. Disponível em: <https://www.hsdl.org/?view&did=443742>. Acesso em: 08 maio 2018.

CEPIK, Marco Aurélio Chaves. Regime político e sistema de inteligência no Brasil: legitimidade e efetividade como desafios institucionais. **Dados –**

Revista de Ciências Sociais, vol. 48, n. 1, Rio de Janeiro, jan./mar. 2005. Disponível em: <http://www.scielo.br/scielo.php?script=sci_arttext&pid =S0011-52582005000100004>. Acesso em: 08 maio 2018.

CEPIK, Marco Aurélio Chaves. Sistemas Nacionais de Inteligência: origens, lógica de expansão e configuração atual. **Dados - Revista de Ciências Sociais**, vol. 46, n. 1, Rio de Janeiro, 2003.

CERNICCHIARO, Vicente. Crime organizado. **Direitos Humanos Net**, s.d. Disponível em: <http://www.dhnet.org.br/direitos/direitosglobais/paradigmas_textos/crime_organizado.html>. Acesso em: 08 maio 2018.

CORDEIRO, Flávia de Araújo. **Aprendendo a prevenir:** orientações para o combate ao abuso sexual contra crianças e adolescentes. Brasília: Promotoria de Justiça de Defesa da Infância e da Juventude, 2006.

CORREALI, Maurício. **A atividade de inteligência de Segurança Pública e sua importância para o aperfeiçoamento da investigação policial.** Dissertação apresentada para Seleção de Professor Temporário de Inteligência Policial. Academia de Polícia "Dr. Coriolano Nogueira Cobra", São Paulo, 2007, p. 19-20.

DANTAS, George Felipe de Lima. **Algumas considerações básicas acerca da moderna análise criminal.** Disponível em: <https://pt.scribd.com/document/147881649/ALGUMAS-CONSIDERACOES-BASICAS-ACERCA-DA-MODERNA-ANALISE-CRIMINAL>. Acesso em: 08 maio 2018.

DANTAS, George Felipe de Lima. **Novos rumos da inteligência policial.** Disponível em: <https://projetos.inf.ufsc.br/arquivos_projetos/projeto_681/Resumo%20Artigo%20Novos%20Rumos%20da%20Inteligencia%20Policial.pdf>. Acesso em: 08 maio 2018.

DANTAS, George Felipe de Lima; SOUZA, Nelson Gonçalves de. **As bases introdutórias da análise criminal na inteligência policial.** Disponível em: <https://acervodigital.ssp.go.gov.br/pmgo/bitstream/123456789/351/30/Artigo%20-%20As%20bases%20introdut%C3%B3rias%20da%20an%C3%A1lise%20criminal%20na%20Intelig%C3%AAncia%20Policial.pdf>. Acesso em: 08 maio 2018.

DCEA. **Tenha uma operação segura com seu drone/RPAS.** Departamento de Controle do Espaço Aéreo. Disponível em: <https://www.decea.gov.br/drone/>. Acesso em: 04 maio 2018.

DESGUALDO, Marco Antonio. **Recognição Visuográfica e a Lógica na Investigação Criminal.** 2006.

DIGITAL INTELLIGENCE. **FRED Forensic Workstations.** Disponível em: <https://digitalintelligence.com/products/fred/>. Acesso em: 14 jun. 2018.

DIGITAL INTELLIGENCE. Site. Disponível em: <https://digitalintelligence.com/products/overview>. Acesso em: 14 jun. 2018.

DIGITAL INTELLIGENCE. **VPER Kit with EnCase.** Disponível em: <https://digitalintelligence.com/store/products/vper-kit-with-encase?taxon_id=18>. Acesso em: 14 jun. 2018.

DJI. **Inspire 2.** Disponível em: <https://www.dji.com/inspire-2?site=brandsite&from=nav>. Acesso em: 14 jun. 2018.

DJI. **Matrice 600 Pro.** Disponível em: <https://www.dji.com/matrice600-pro/info>. Acesso em: 14 jun. 2018.

DJI. **Mavic Pro Platinum.** Disponível em: <https://www.dji.com/mavic-pro-platinum>. Acesso em: 13 jun. 2018.

DJI. **Phantom 4 Pro.** Disponível em: <https://www.dji.com/phantom-4-pro>. Acesso em: 13 jun. 2018.

DRONE ajudará PF em Santarém a combater crimes ambientais na região. **G1**, 22 set. 2017. Disponível em: <https://g1.globo.com/pa/santarem-regiao/noticia/drone-ajudara-pf-em-santarem-a-combater-crimes-ambientais-na-regiao.ghtml>. Acesso em: 08 maio 2018.

DUNAIGRE, Patrice. **Inocência em Perigo:** Abuso Sexual de Crianças, Pornografia, Infantil e Pedofilia na Internet. Trad. Cibele de Souza Silva e Cláudia Bernadete Kein. Rio de Janeiro: Garamond, 1999.

FARIAS, Carolina. Traficante colombiano preso no Brasil havia movimentado US$ 10 bi. **Folha Online**, 07 ago. 2007. Disponível em: <http://www1.folha.uol.com.br/folha/cotidiano/ult95u318373.shtml>. Acesso em: 08 maio 2018.

FBI. **Finding the Missing Links:** technology helps FBI unravel criminal and terrorist networks. Aug. 18, 2005. Disponível em: <https://archives.fbi.gov/archives/news/stories/2005/august/links081805>. Acesso em: 13 jun. 2018.

FBI. **NIBRS Overview.** Disponível em: <https://ucr.fbi.gov/nibrs-overview>. Acesso em: 08 maio 2018.

FBI. **Uniform Crime Reporting.** Disponível em: <https://ucr.fbi.gov>. Acesso em: 08 maio 2018.

FERNANDES, Robinson. **Análise de inteligência e o enfrentamento da criminalidade organizada.** São Paulo: ACADEPOL, 2007.

FLIR. **The NEW Scout TK.** Disponível em: <http://www.flir.com.br/scouttk/>. Acesso em: 18 jun. 2018.

GOMES, Luiz Flávio; SILVA, Marcelo Rodrigues. **Organizações Criminosas e Técnicas Especiais de Investigação:** questões controvertidas, aspectos teóricos e práticos e análise da Lei 12.850/2013. Salvador: Juspodivm, 2015.

GONÇALVES, Robson José de Macedo. **A inteligência e o poder legislativo.** Senado Federal. Brasília, DF. Disponível em: <http://www.senado.gov.br/sf/senado/spol/pdf/ArtigoRobson1.pdf>. Acesso em: 08 maio 2018.

GOUVÊA, Marta Xavier de Lima. Pedofilia e estupro de vulnerável: a tênue linha que separa o fato típico da psicossexualidade anômala. **JurisWay**, 09 mar. 2011. Disponível em: <http://www.jurisway.org.br/v2/dhall.asp?id_dh=5533>. Acesso em: 08 maio 2018.

GRUPO DE PESQUISA MUNDOS DO TRABALHO. **Quadro histórico da Polícia Política do Rio de Janeiro no século XX.** Universidade Federal Fluminense. Disponível em: <http://www.historia.uff.br/mundosdotrabalhouff/dados/QUADRO_HIST%C3%93RICO_DA_POL%C3%8DCIA_POL%C3%8DTICA_NO_RIO_DE_JANEIRO.pdf>. Acesso em: 09 maio 2018.

GUEDES, Luiz Carlos. A mãe das inteligências. **Revista Brasileira de Inteligência**, vol. 2, n. 2, Brasília, abr. 2006.

GUIDANCE SOFTWARE. **Products & Services.** Disponível em: <https://www.guidancesoftware.com/products-services?cmpid=nav_r>. Acesso em: 14 jun. 2018.

IBM. **IBM i2 Analyst's Notebook.** Disponível em: <https://www.ibm.com/br-pt/marketplace/analysts-notebook>. Acesso em: 09 maio 2018.

IBM. **IBM i2 Analyze.** Disponível em: <https://www.ibm.com/br-pt/marketplace/enterprise-intelligence-analysis#product-header-top>. Acesso em: 18 jun. 2018.

JORGE, Higor Vinicius Nogueira. **Aspectos Fundamentais da Investigação Criminal Tecnológica e Produção de Conhecimentos Baseados em Elementos Disponíveis.** Academia de Polícia do Estado de São Paulo, 2018.

JORGE, Higor Vinicius Nogueira. **Inteligência Policial e Investigação Criminal.** Disponível em: <http://www.higorjorge.com.br/99/inteligencia-policial-e-investigacao-criminal/>. Acesso em: 08 maio 2018.

JORGE, Higor Vinicius Nogueira. O centenário da Polícia Civil de carreira. **ADPESP**, s.d. Disponível em: <https://www.adpesp.org.br/artigos-exibir?art=7>. Acesso em: 08 maio 2018.

KAPLAN, Harold I. **Compêndio de Psiquiatria:** ciências do comportamento e psiquiatria clínica. Porto Alegre: Artes Médicas, 2003.

LIMA, Renato Brasileiro de. **Legislação Criminal Especial Comentada.** 4.ed. Salvador: Juspodivm, 2016.

LIMA, Renato Sérgio de. **Contando crimes e criminosos em São Paulo:** uma sociologia das estatísticas produzidas entre 1871 e 2000. Tese de Doutorado. São Paulo: Faculdade de Filosofia, Letras e Ciências Humanas, USP, 2005. Disponível em: <http://www.teses.usp.br/teses/disponiveis/8/8132/tde-04022006-201043/pt-br.php>. Acesso em: 08 maio 2018.

LOPES, Ronaldo Pantera; MATOS, Kerma Souza. **Um resumo da história da Polícia Civil de carreira.** Disponível em: <http://www.observatoriodeseguranca.org/files/Resumohistoria.pdf>. Acesso em: 14 jun. 2018.

MAGNET FORENSICS. **Internet Evidence Finder – Triage Edition.** May 13, 2013. Disponível em: <https://www.magnetforensics.com/computer-forensics/internet-evidence-finder-triage-edition/>. Acesso em: 14 jun. 2018.

MAROT, Rodrigo. O conceito de inteligência. **Psicosite**, s.d. Disponível em: <http://www.psicosite.com.br/pro/art004.htm>. Acesso em: 08 maio 2018.

MASSON, Cleber; MARÇAL, Vinicius. **Crime Organizado.** 3.ed. Rio de Janeiro; São Paulo: Método, 2017.

MENDRONI, Marcelo Batlouni. **Comentários à Lei de Combate ao Crime Organizado – Lei nº 12.850/13.** São Paulo: Atlas, 2014.

MESQUITA, Geison. Comandos de pesquisa: os principais truques para pesquisar no Google. **IEBS**, 25 ago. 2017. Disponível em: <https://www.iebschool.com/pt-br/blog/marketing/seo-sem/comandos-pesquisa-principais-truques-pesquisar-no-google/>. Acesso em: 08 maio 2018.

MSAB. **Now supporting drones – a first from MSAB, the pioneer in mobile forensics.** Disponível em: <https://www.msab.com/products/drones/>. Acesso em: 14 jun. 2018.

MSAB. **XRY - Extract.** Disponível em: <https://www.msab.com/products/xry/>. Acesso em: 14 jun. 2018.

MYERS, Paul. Facebook Graph Searching. **Research Clinic**, s.d. Disponível em: <http://researchclinic.net/graph.html>. Acesso em: 21 set. 2016.

NOGUEIRA, Sandro D'Amato. 'Pedófilos ironizam, debocham e desafiam a polícia'. **Consultor Jurídico**, 27 mar. 2002. Disponível em: <http://www.conjur.com.br/2002-mar-27/policia_dificuldades_chegar_aos_pedofilos>. Acesso em: 08 maio 2018.

NUCCI, Guilherme de Souza. **Leis Penais e Processuais Comentadas.** (Vol. 2). 9.ed. Rio de Janeiro: Forense, 2016.

POLÍCIA Civil faz mapeamentos aéreos de localidades da capital utilizando drone. **É Bahia News**, 07 ago. 2017. Disponível em: <http://www.ebahianews.com.br/2017/08/policia-civil-faz-mapeamentos-aereos-de.html>. Acesso em: 08 maio 2018.

POLÍCIA usa drone para prender suspeitos de sequestrar empresário. **Istoé**, 23 nov. 2016. Disponível em: <https://istoe.com.br/policia-usa-drone-para-prender-suspeitos-de-sequestrar-empresario/>. Acesso em: 13 jun. 2018.

PORTAL DO MEC. **Endereços e telefones dos Tribunais de Contas dos Estados.** Disponível em: <http://portal.mec.gov.br/seb/arquivos/pdf/Fundebef/tribcontas.pdf>. Acesso em: 08 maio 2018.

PRATES, Izabela. XMobots lança na feira DroneShow o primeiro mini-drone a pousar na água. **MundoGEO**, 20 out. 2015. Disponível em: <http://mundogeo.com/blog/2015/10/20/xmobots-lanca-na-droneshow-o-primeiro-mini-drone-a-pousar-na-agua/>. Acesos em: 14 jun. 2018.

QUEIROZ, Carlos Alberto Marchi de (Coord.). **Manual Operacional do Policial Civil.** São Paulo: Delegacia Geral de Polícia, 2004.

QUEIROZ, Carlos Alberto Marchi de. **Crime Organizado no Brasil.** São Paulo: Esfera, 2005.

REBELLO, Claudia Assaf Bastos. Necessidade de Inteligência do Estado brasileiro. **Revista Brasileira de Inteligência**, vol. 2, n. 2, Brasília, abr. 2006.

RÊGO, Cláudio Andrade. **Doutrina e Método da Escola Superior de Inteligência.** Disponível em: <https://books.google.com.br/books?id=k-hIBQAAQBAJ&pg=PA110&lpg=PA110#v=onepage&q&f=false>. Acesso em: 08 maio 2018.

ROEDEL, Daniel. **Estratégia e Inteligência Competitiva:** gestão estratégica da informação e inteligência competitiva. São Paulo: Saraiva, 2006. p. 77-78.

ROHR, Altieres. Deep web: o que é e como funciona – G1 Explica. **G1**, 04 fev. 2016. Disponível em: <http://g1.globo.com/tecnologia/blog/seguranca-digital/post/deep-web-o-que-e-e-como-funciona-g1-explica.html>. Acesso em: 10 jun. 2016

ROQUE, Fábio; TÁVORA, Nestor; ALENCAR, Rosmar Rodrigues. **Legislação Criminal para Concursos.** Salvador: Juspodivm, 2016.

RORATTO, João Manoel; CARNIELLI, Beatrice Laura. O pensar e a criação de um organismo de Inteligência Federal no Brasil: antecedentes históricos. **Revista Brasileira de Inteligência**, vol. 2, n. 2, Brasília, abr. 2006.

ROXO, Sérgio. Uso de rede social preocupa delegacia contra pedofilia. **O Globo**, 13 jun. 2013. Disponível em: <http://oglobo.globo.com/brasil/uso-de-rede-social-preocupa-delegacia-contra-pedofilia-8379890#ixzz4ArA2wWbd>. Acesso em: 08 maio 2018.

SAADEH, Alexandre. Parafilias ou perversões sexuais ou transtornos de preferência sexual. **Saúde Total**, s.d. Disponível em: <http://www.saudetotal.com.br/artigos/sexo/pfilia.asp>. Acesso em: 08 maio 2018.

SANNINI NETO, Francisco. **Inquérito Policial e Prisões Provisórias – Teoria e Prática de Polícia Judiciária.** São Paulo: Ideias e Letras, 2014.

SÃO PAULO. Decreto nº 47.166/02, de 1º de outubro de 2002. Altera a denominação do Departamento de Telemática da Polícia Civil – DETEL para Departamento de Inteligência da Polícia Civil – DIPOL, dispõe sobre sua reorganização e dá providências correlatas. Disponível em: <https://governo-sp.jusbrasil.com.br/legislacao/164107/decreto-47166-02>. Acesso em: 08 maio 2018.

SÃO PAULO. Lei nº 16.380/17, de 31 de janeiro de 2017. Dispõe sobre a utilização de "drones" para fiscalização da Polícia Ambiental no Estado. Disponível em: <http://www.al.sp.gov.br/repositorio/legislacao/lei/2017/lei-16380-31.01.2017.html>. Acesso em: 08 maio 2018.

SAP usará drones para vigiar presídios na região. **A Cidade On Campinas**, 18 jul. 2017. Disponível em: <https://www.acidadeon.com/campinas/cotidiano/NOT,1,1,1261130,SAP+usara+drones+para+vigiar+presidios+na+regiao.aspx>. Acesso em: 04 maio 2018.

SARMATZ, Leandro. Inocência roubada. **Superinteressante**, 30 abr. 2002. Disponível em: <http://super.abril.com.br/historia/inocencia-roubada>. Acesso em: 08 maio 2018.

SERAFIM, Antônio de Pádua; SAFFI, Fabiana; RIGONATTI, Sérgio Paulo; CASOY, Ilana; BARROS, Daniel Martins de. Perfil psicológico e comportamental de agressores sexuais de crianças. **Revista de Psiquiatria Clínica**, vol. 36. n. 3, São Paulo, 2009. Disponível em: <http://www.producao.usp.br/bitstream/handle/BDPI/9816/art_SERAFIM_Perfil_psicologico_e_comportamental_de_agressores_sexuais_2009.pdf?sequence=1>. Acesso em: 08 maio 2018.

SHULSKY, Abraham; SCHMITT, Gary J. **Silent Warfare:** understanding the world of intelligence. 3rd.ed. Washington, DC: Brassey's, 2002.

SILVA, Eduardo Araújo da. **Crime Organizado:** procedimento probatório. São Paulo: Atlas, 2003, p. 86.

STF. HC 129.646/SP. Rel. Min. Celso de Mello.

SUN TZU. **A Arte da Guerra.** São Paulo: Martins Fontes, 2002.

TECHBIZ FORENSE DIGITAL. **FREDDIE.** Disponível em: <http://forensedigital.com.br/product/freddie/>. Acesso em: 14 jun. 2018.

TERRA, Sylvio. **Polícia, Lei e Cultura.** Rio de Janeiro: Gráfica Guarany, 1939, p. 41.

UBER. **Diretrizes da Uber para Autoridades Policiais/Judiciárias – Fora dos EUA.** Disponível em: <https://www.uber.com/pt-BR/legal/data-requests/guidelines-for-law-enforcement-outside-the-united-states/pt/#>. Acesso em: 08 maio 2018.

UNODC. **Organized Crime.** United Nations Office on Drugs and Crime. Disponível em: <http://www.unodc.org/unodc/en/organized-crime/intro.html>. Acesso: 08 maio 2018.

VARGAS, Bruna. Peritos gaúchos estudam utilização de drone em investigações. **Gauchazh**, 18 nov. 2014. Disponível em: <https://gauchazh.clicrbs.com.br/geral/noticia/2014/11/Peritos-gauchos-estudam-utilizacao-de-drone-em-investigacoes-4645282.html>. Acesso em: 18 jun. 2018.

WENDT, Emerson. Inteligência de Segurança Pública e DNISP – Aspectos iniciais. **Inteligência Policial**, 15 mar. 2010. Disponível em: <http://www.inteligenciapolicial.com.br/2010/03/inteligencia-de-seguranca-publica-e.html>. Acesso em: 08 maio 2018.

WENDT, Emerson; JORGE, Higor Vinicius Nogueira. **Crimes Cibernéticos:** ameaças e procedimentos de investigação. 2.ed. Rio de Janeiro: Brasport, 2013.

WIRESHARK. Site. Disponível em: <https://www.wireshark.org/>. Acesso em: 14 jun. 2018.

XPLICO. **About.** Disponível em: <https://www.xplico.org/about>. Acesso em: 14 jun. 2018.

XPLICO. **Screenshot:** new web interface: Xplico Interface (XI). Disponível em: <https://www.xplico.org/screenshot>. Acesso em: 14 jun. 2018.

XRY. **Obter a melhor evidência digital é o que importa.** Disponível em: <https://www.msab.com/download/product_sheets/portuguese_(brazilian)_product_sheets/XRY_Product_Sheet_PT_Digital.pdf>. Acesso em: 08 maio 2018.

+ de 200 Títulos
BRASPORT
e-Book
50% mais barato que o livro impresso.
Confira nosso catálogo!
À venda nos sites das melhores livrarias.